Savoring Lisbon

Editora Senac Rio – Rio de Janeiro – 2019

Saboreando Lisboa. Savoring Lisbon © Mariana Daiha Vidal, 2019.

Direitos desta edição reservados ao Serviço Nacional de Aprendizagem Comercial – Administração Regional do Rio de Janeiro.

Vedada, nos termos da lei, a reprodução total ou parcial deste livro.

Senac RJ

Presidente do Conselho Regional
Antonio Florencio de Queiroz Junior

Diretora Regional
Ana Cláudia Martins Maia Alencar

Diretor Administrativo-financeiro
Sylvio Britto

Diretora de Educação Profissional
Wilma Bulhões Almeida de Freitas

Diretor de Planejamento
Fábio da Silva Soares

Editora Senac Rio
Rua Pompeu Loureiro, 45/11º andar
Copacabana – Rio de Janeiro
CEP: 22061-000 – RJ
comercial.editora@rj.senac.br
editora@rj.senac.br
www.rj.senac.br/editora

Conselho editorial
Ana Cláudia Alencar
Wilma Freitas
Sylvio Britto
Eduardo Varella
Daniele Paraiso

Editora
Daniele Paraiso

Produção editorial
Cláudia Amorim (coordenação), Manuela Soares (prospecção), Andréa Regina Almeida, Gypsi Canetti e Michele Paiva (copidesque e revisão), Patricia Souza, Victor Willemsens e Vinicius Moura (design)

Fotografia
Isabel Becker

Versão para o inglês
Clarissa Pombo de Oliveira

Impressão: Edigráfica Gráfica e Editora Ltda.
1ª edição: agosto de 2019

CIP-BRASIL. CATALOGAÇÃO NA PUBLICAÇÃO
SINDICATO NACIONAL DOS EDITORES DE LIVROS, RJ

V692s

Vidal, Mariana Daiha
   Saboreando Lisboa / Mariana Daiha Vidal. - 1. ed. - Rio de Janeiro : Senac Rio, 2019.
   248 p. ; 23 cm.

   ISBN 978-85-7756-468-2

   1. Culinária. 2. Gastronomia - Crônicas. I. Título.

19-59062

CDD: 641.013
CDU: 641.5:82-94

A imagem de uso contratualmente licenciado inserida na orelha da capa pertence à G & S Imagens do Brasil Ltda. e é utilizada para fins meramente ilustrativos.

Esta é uma obra de ficção. Qualquer semelhança com nomes, pessoas, fatos ou situações não é proposital.

Para todas as Marias, Madalenas,
Matildes, Mafaldas, Joanas, Carlotas,
Anas, Catarinas, Carolinas, Franciscas,
Manuelas e para todas as Renatas,
Fernandas, Adrianas, Danielas, Patrícias,
Robertas, Luísas, Beatrizes, Lucianas,
Cecílias, Natálias ou para, enfim, todas
as mulheres, portuguesas ou brasileiras,
que se viram diante de uma linda paisagem
para se atirar e voar.

Não sou nada.
Nunca serei nada.
Não posso querer ser nada.
À parte isso, tenho em mim todos os sonhos
do mundo.

Fernando Pessoa

⟵————————————————————⟶
♡♡♡

Sumário

Prefácio -♥- 13

Agradecimentos -♥- 14

Introdução -♥- 18

Gente sob o sol -♥- 21

Praça do Comércio -♥- 27

Magreza -♥- 33

Ladeiras e terapia em oitos -♥- 39

Segue o bonde -♥- 45

Rio-Lisboa -♥- 53

Vento na janela -♥- 61

8 de novembro -♥- 67

A menina -♥- 73

Bruxa -♥- 79

Terra à vista -♥- 85

Uma casa com história portuguesa com certeza -♥- 91

O simples é o mais chique que há -♥- 99

Fogueira -♥- 107

De avental -♥- 113

Os brutos também amam -♥- 121

No trem de Santarém -♥- 129

O que aprendi em 10 anos ♥ 135

Aos meus leitores ♥ 141

Índice de receitas ♥ 146

English translation ♥ 151

Prefácio

Um passeio por Lisboa sob o olhar apaixonado e saboroso de uma craque da cozinha e da crônica, que sabe misturar, como ninguém, ingredientes com palavras. Este exemplar que você tem nas mãos não é só um livro de receitas; é muito mais que isso. São receitas que vêm muito bem acompanhadas por histórias em que Mari Vidal usa e abusa da doçura de um toucinho do céu, do bom humor dos patrícios e da poesia que só a comida lusitana promove em nossas papilas gustativas.

Quando a Mari, amiga e chef respeitada e muito competente (além de gira e bué fixe), me chamou para escrever o Prefácio, nem pensei duas vezes antes de topar. Tenho ligação forte com Portugal, que foi o primeiro país a publicar meus livros fora do Brasil. E são tantos amigos queridos na terrinha que vou para aquelas bandas pelo menos uma vez por ano para matar a saudade deles, do sotaque, do bem-estar e, principalmente, da culinária portuguesa (porque se eu fosse uma frase, ela seria "Estou com fome" — e nada melhor do que saciar a fome em solo portuga).

Como eu amo comer e sou louca pela comida da supermulher que assina este livro (inclusive quis me casar com ela várias vezes, já que meu estômago se apaixonou perdidamente pelo rango da Mari — e também por ela, seus olhos verdes e sua gargalhada única. Mas ela não me deu a menor bola. Não sabe o que está perdendo. Vamos deixar isso para lá...), cá estou para dividir com você minha opinião sobre *Saboreando Lisboa*.

Sabia que seria nada menos que delicioso passear pelas páginas da minha amiga. Mari tem um olhar especial sobre a vida. É irônica, faz rir, tem sacadas ótimas. E assim é o livro, lotado de histórias recheadas de elementos que nos levam a Lisboa, a qualquer tasca de esquina, a qualquer elétrico que conduza a um bar que sirva impecáveis pataniscas de bacalhau. É para quem cozinha e para quem não cozinha. É para quem conhece Lisboa e quer matar a saudade em fotos e em textos e receitas, e para quem nunca foi e quer viajar até lá sem sair do lugar.

Saboreando Lisboa é uma declaração de amor à minha cidade preferida, que dá água na boca e vontade de aplaudir de pé. Ah, dá vontade de viajar também. Partiu Portugal?

Thalita Rebouças

Agradecimentos

Aos meus amores da Editora Senac Rio: Dani Paraiso, editora amada que se tornou amiga, obrigada por ter conduzido a minha permanência de forma incansável, sagaz e arrojada. Cláudia Amorim, por me fazer confiar mais no meu texto e me ajudar a achar as melhores soluções. Manuela Soares, "a dona do arquivo-master", sempre cuidadosa com as receitas. Vinicius Moura, pelo auxílio luxuoso da diagramação linda e precisa. Michele Paiva, foi um prazer e uma honra debater e trocar com você. Vamos juntas nesse e nos próximos!

À Isabel Becker, autora das belas imagens e da fotografia deslumbrante que só o seu olhar sabe achar... Tem aí uma historinha toda para você. Te amo!

À Clarissa Pombo de Oliveira, que tanto valorizou este livro com sua encantadora versão para o inglês. Que bom que o Senac teve a brilhante ideia de não me pedir para fazer esse trabalho — eu não faria melhor... Agora você será a tradutora de todos!

À Thalita Rebouças, amiga querida e best-seller, que me deu a alegria de um prefácio delicioso.

À Tutto Per La Casa, Marcella Birman, Karine, Jandira e Voira, o carinho de sempre.

Aos queridos Pedrão e Vitalina Marques, e todo pessoal do Terroso, Isaac Almeida e toda a turma do Prado e The Lisboans, Quinta do Poial, Paulo Saturnino Cunha e Quinta Pinhal da Torre Vinhos, Isabel Noronha, Miguel Dieckmann, Isabel Buffara, Carol Nobili e Ricardo Costa, Ivan Dias, Maria Julia Guerra e Vitor Penteado, Ariane Carvalho, Luciana Pinto, Raul de Orofino, Bettina D'Archemont, Matheus e Maria (Portuguesa), à Tita Campos e ao apoio da Rio Travel Turismo. Obrigada a todos pela acolhida.

À Ana Andreazza, Juliana Barros, Bruna Barros e Catarina Grünewald da Fashion+INOVA.

Aos meus amigos que me empurram com força nos momentos de cansaço e, particularmente, aos que me fizeram cafuné no ponto de partida do enredo deste livro: Teresa Hermanny, Mariana Medeiros, Celina Ozório, Ana Cecília Barretto, Denison Caldeiron Erb, Fernanda Lomenzo e Etienne Mayer,

Beatrice Mason, Fernanda Fehring, Adriana Westerberg e Renata Gebara, Beatriz Protasio, Cris Menezes, Rachel Chreem e Mariella Marcondez Ferraz (as "Lovely Friends"), Anna Ratto, Roberta Sá, coach Karim Ozon e as amigas do coração do "Setembro em Iguabinha": Cecília Costa, Luciana Ocariz, Nathalie Bardot, Gabriela Lessa e Vivi Magalhães; às jurássicas amigas Sylvia Meirelles e Rosa Rabello, Nanda Lage, Vanessa Vholker e Roberta Senna.

À minha galera querida do Mari Vidal Bufê: Ingrid Louro, Veronica Oliveira, Veruskha Monteiro e Ceide Poubel Casas. À Maria José Silva, alegria da minha casa, obrigada por existir.

À minha mãe, Glória, meu irmão, Toninho, minha cunhada, Carla, obrigada pelos olhos cheios de alegria e orgulho e pelas mãos que sempre me estenderam.

Às minhas meninas, Beatriz e Cecília — tudo que importa.

Introdução

Cheguei despedaçada na terra das sete colinas sete anos antes. Em um verão de luz irretocável, o sol que acendia as mesas das calçadas não conseguia colocar cor dentro de mim. Eu era só dor, medo e solidão em um corpo que se forçava a prosseguir. Alguma ausência ardia, e Lisboa podia ser ainda mais cruel com alguém assim. Mas a cidade também ia verdadeiramente, a cada hora, me oxigenando e me fazendo esquecer o que doía, me permitindo lembrar quem eu era, quem eu havia sido quase duas décadas antes, quando passei por ali com a alma explodindo de sonhos.

Portugal joga o passado na nossa cara a todo tempo com a arquitetura, a pureza de um povo que busca consertar, remendar, restaurar, e maltrata a gente que destrói com força o pretérito. Às calçadas que repetiam sequências de casarões ora em tons contidos ora azulejados, retrofitados ou não, fui entregando cada pedaço de alguém que vinha pouco a pouco deixando de existir. A luz boa de Lisboa, definitiva e invasiva contra a incerteza. A inquietação neutralizada pelo antídoto da sabedoria dos que nos precederam. A certeza de que tudo passa. Assim subi e desci ladeiras e me perdi em ruelas. Ouvi fados desejando chegar ao fundo daquele poço. Sou intensa.

Desde criança tenho alma velha. A anciã que mora neste meu corpo de meia-idade suspira ao ver louça antiga, portas baixas que registram as nossas estaturas menores nos séculos antecedentes, chãos de madeira que estalam, velhas senhoras vestidas de preto, fogões a lenha, crianças uniformizadas carregando violinos, bondinhos — os tão queridos elétricos — e ao ouvir o sotaque lusitano com todos os hábitos e costumes que se puderam manter íntegros. Aliás, mesmo amando recomeços e reconstruções, a vulgaridade das substituições me apavora, as trocas fáceis, os esquecimentos obscenos. Em Portugal, tudo isso grita e institui um amor incondicional à simplicidade, como se o simples fosse mesmo o mais sofisticado estado de cada coisa.

O Ocidente para o qual olhei de pé no Cabo da Roca atribuiu significado àquela vida em regeneração. Ali, de onde eu vinha, e para onde eu voltaria, era o futuro. Eu sabia que ali, naquele ponto, a Europa acabava. Mas, ainda que diante desse contexto de melancolia, exatamente ali começava o que nossos antepassados chamaram de Novo Mundo. Era o meu novo mundo, para onde eu levaria toda a ilusão das colinas que me deram colo e me reconduziram ao passado que eu precisava resgatar.

E assim, entre pastéis de nata, amêijoas, farinheiras e amarguinhas, resolvi que levaria na mala apenas alegria. Como presentes de Lisboa, uma desconhecida tornou-se para sempre minha, um gajo das terras de cá me recebeu com abraço apertado e uma garrafeira comandada por um Cavalheiro do Vinho do Porto que não apenas serve, mas sabe lhe fazer beber os melhores vinhos, tornou-se um dos meus lugares favoritos para ser feliz neste mundo.

Anos depois tornei a voltar, e menos anos ainda depois voltei novamente, para querer voltar cada vez mais e sempre. Lisboa tornou-se uma casa querida, onde não pretendo morar, para manter o sopro de frescor toda vez que chegar. Quero sempre poder descobrir os sabores, os mistérios e o empirismo desse lugar por onde passaram nossos antepassados e que se traduz, da melhor forma, na casa dos nossos avós.

Qualquer um pode escrever um livro como este, porque não se trata de classificar, apresentar ou servir de guia de coisa alguma. Trata-se simplesmente de leituras que meu estado de espírito me permitiu fazer a cada estada, com a alma sombria ou iluminada, com o coração repleto ou vazio. Minha vontade foi apenas entregar cada um de meus suspiros em forma de palavras e receitas. Se em algum momento você suspirar também, toda minha tentativa de acertar terá valido a pena.

Bem-vindos à minha Lisboa. Vamos saborear juntos cada degrau, copo, raio de sol, painel de azulejo e esquina. Lisboa dos santos, da luz que acendeu minha alma, a de Fernando Pessoa e de Miguel Sousa Tavares, do cais, das tascas, do passado e do presente, dos que se imortalizam no tempo e na pureza, dos fados-vadios, das cores, da alegria e da melancolia. Bem-vindos sobretudo à Lisboa que cravamos na alma e que levamos conosco para sempre.

Gente sob o sol

‹ Saboreando Lisboa ›

"Segue o teu destino...
Rega as tuas plantas;
Ama as tuas rosas.
O resto é a sombra
de árvores alheias."

Fernando Pessoa

Ali, sol na janela, mulher com cigarro na mão, prédio mal tratado. Imagino que as cinzas estejam voando junto com o quase-vapor das roupas cheirosíssimas recém-estendidas sob o parapeito da janela, mas a mulher olha para cima distraída. No quadrante um pouco mais alto e mais ao lado, há ainda mais sol sobre duas espreguiçadeiras. Ouço um *"Pardon, j'arrive!"* e percebo que se trata de um casal de franceses arrumando a varanda. Depois, ela pega um jornal, veste-se com um chapéu e se deita. Ele enrola um cigarro por um tempo, acende-o, inala a fumaça, estica os braços para trás e se espicha.

No chão da rua estreita, um cachorro interrompe o silêncio sepulcral com o esguicho da urina no poste, e o mesmo silêncio é segundos depois novamente perturbado por um garçom que abre duas garrafas de água das pedras em uma mesa recostada ao edifício recoberto de azulejos. À frente ouço roncar o motor de uma lambreta. O rapaz aguarda, olha o relógio, parece incomodado com tanta luz. Coloca os óculos, cruza os braços, olha o relógio, fuma, e eis que abre um sorriso com a chegada da rapariga. Ela posiciona a bolsa atravessada sobre os ombros e encaixa-se com esperteza atrás do rapaz, que acelera a lambreta e desaparece do meu campo visual.

O adiantado da hora faz invocar mais vozes: das senhoras de preto regressando da igreja, de crianças, de janelas se abrindo. Opa! Chegou mais gente na casa dos franceses, que agora colocam a mesa para o almoço em sincronia com a menina do quarto andar. Em cima, apenas quatro para o almoço, mas embaixo deverão ser em torno de oito. No quadrante diagonalmente oposto à esquerda, em uma morada de três andares, um senhor elegantemente vestido fala ao celular com um charuto na mão direita. Desliga o celular, senta-se na poltrona, se apruma, e eu começo a ouvir, vindo da casa dele, a voz de António Zambujo. A música invade o silêncio da rua com ousadia, e ele abre um vinho. A esta altura, todos já bebem em suas casas, com exceção da mulher, que saiu da janela, e cuja casa não consigo ver. Os restaurantes cheios vão aos poucos me impedindo de ouvir os fados do senhor do charuto. O odor do fumo ainda me alcança, e a fumaça agora está linda contra a luminosidade que entra naquela casa.

Então, passadas quatro horas, volto ao meu observatório e encontro várias distorções na harmônica disposição em que deixei meu antigo cenário. O senhor do charuto dormia ao som de seus roncos entremeados ao "Bolero de Ravel" e relegado à sorte randômica de seu acervo musical. A família de oito gritava euforicamente a cada gol do Benfica, quase acordando o senhor do charuto. O casal de franceses fazia amor freneticamente, por vezes quase levando ao chão uma mesa que parecia ter estado repleta de iguarias. Despudorado, o casal visitante observava e bebia. Alguns minutos depois, a lambreta retornou e, para minha surpresa, o rapaz passou a esmurrar a porta ao berros "Matilda, Matilda, me perdoe!", tendo ainda o sol de fim de tarde como testemunha. E lá no prédio maltratado, a mulher já com as roupas recolhidas, olhava solitária e contemplativa um céu ainda reluzente e, distraída, soltava para cima cada uma das baforadas de seu cigarro, e a fumaça se embaralhava com a luz doentia e amarela dos postes.

Voltei para minha casa desarrumada com cara de domingo. Acendi o forno, montei o polvo com as batatas na travessa. Enquanto o polvo estava no forno, abri uma garrafa de Papa Figos e contemplei a vida que havia em volta, que era vasta, era febril, era só, mas era minha.

‹ Gente sob o sol ›

Polvo à lagareiro

RENDIMENTO: SERVE 4 PESSOAS

6 DENTES DE ALHO DESCASCADOS ♥ 1 KG DE BATATAS MÉDIAS ♥ SAL ♥ PIMENTA-DO-REINO ♥ 100 ML DE AZEITE ♥ 1,5 KG DE POLVO ♥ 2 LITROS DE ÁGUA ♥ 4 FOLHAS DE LOURO ♥ 1 CEBOLA ♥ ½ PIMENTÃO VERMELHO CORTADO EM TIRAS LARGAS ♥ ½ PIMENTÃO AMARELO CORTADO EM TIRAS LARGAS ♥ 1 RAMO DE SALSA PICADA ♥ 1 RAMO DE COENTRO PICADO

> Preparo:

1. Coloque em uma travessa refratária os dentes de alho e as batatas com casca com sal, pimenta-do-reino e metade do azeite e deixe que assem por 40 minutos.

2. Enquanto as batatas assam, coloque o polvo em uma panela com água, as folhas de louro e uma cebola cortada em quartos e acenda o fogo. Quando começar a ferver, deixe cozinhar por mais 15 minutos.

3. Retire o polvo da panela, deixe esfriar naturalmente e limpe-o retirando a pele com uma faca de legumes. Corte, separando os tentáculos, e espalhe sobre ele azeite, sal e pimenta-do-reino.

4. Adicione o polvo, os pimentões, a salsa, o coentro e o restante do azeite à travessa refratária e deixe que cozinhem por mais 20 minutos, junto com as batatas e os dentes de alho.

5. Amasse as batatas com o dorso de uma colher de sopa e regue mais azeite (a gosto).

Praça do Comércio

‹ Saboreando Lisboa ›

"A vida, esta vida que inapelavelmente, pétala a pétala, vai desfolhando o tempo, parece, nestes meus dias, ter parado no bem-me-quer."

José Saramago

O futuro que eu não acreditava, mas veio, é de onde estou escrevendo agora. Daqui posso ver que uma revolução tornou alada alguém que não sabia poder voar. Sempre reverenciei os encantos da vida a dois, principalmente quando essa vida a dois é precedida de uma festa, de um bolo e de um vestido e resulta em uma coisa, que eu adoro e respeito, chamada família. Mas é que andei conversando com o universo e sem querer pedi para voltar a ser um pouquinho de quem eu já tinha sido. Não muito, tipo só uma amostra, para eu voltar ao passado por um dia, nada perpétuo, uma degustação, um selinho em mim mesma com 25 anos...

Mas tendo feito isso, o universo me escutou. Ordenou, insistiu e eu acatei. Agora, aqui em Lisboa, tenho vontade de dar um viva a mim mesma por não ter fingido que não estava vendo e por ter tomado, com alguma destreza, as rédeas inevitáveis da situação. E mesmo me insurgindo contra as depurações involuntárias operadas aqui e ali, obedeci à vontade do universo. Assim tem sido desde que esse raio partiu em dois um bloco que havia se tornado coeso com o tempo, com o fracionamento psicológico de coisas como um colchão, uma pia, alguns planos, uns probleminhas e, é claro, também havia se tornado único com a chegada de outros *homo sapiens* na casa, acúmulo de coisas, experiências, natais, réveillons, copas do mundo, dias de muita chuva etecetera. Só que o universo é sábio e certeiro nas manobras. E para que cada uma das partes ficasse inteira de novo e desemaranhasse a confusão que o tempo causou, só desmembrando as duas partes e convertendo o bloco em dois de novo.

Assim foi feito e assim eu chorei um rio contínuo por quase quarenta dias. Luto curto. Foi o que deu para chorar até que eu fosse invadida de uma liberdade que eu não lembrava mais que existia. O luto de cada um

‹ Praça do Comércio ›

dura o tempo que a (re)agente leva para virar a mesa e
perceber que, para ficar inteira, não basta apenas se
desgrudar do bloco, mas, sim, reestruturar a sua própria
parte do bloco. "Você tem de viver o luto!", diziam.
Mas que luto? Eu já estava mais à frente... Se a cauda
da escorpiana aqui se regenera rápido, o aquário que me
acende me transformou em um trem que passa e me leva em
uma reta para o futuro. Sim, deste de onde eu escrevo,
sentada sob o sol na Praça do Comércio com taça de vinho
branco. Aqui é bacana, e a gente pode desejar outras
coisas.

Pode desejar liberdade, textos com novos enredos,
dinheiro só nosso (e a falta dele também), viagens com
destinos incertos, lingerie nova, homens novos, dias
acompanhados apenas de nós mesmas, em que se pode fazer
jejum, qualquer dieta ou gastar quanto quiser. Daqui
também se pode tomar decisões sozinha e vou dizer que
essa parte, às vezes, não é fácil. Para usar palavras
jovens que aprendi outro dia, as decisões a sós nos
"empoderam" e nos possibilitam "ressignificar" a nossa
trajetória. E até coisas banais vão ficando diferentes,
porque a gente reaprende a carregar a bagagem sozinha
escada acima. Aliás, tive sorte e nem isso precisei,
porque a ajuda de braços mais fortes sempre apareceu. A
gente percebe que vai poder pintar a parede de qualquer
cor sem dar satisfações a quem quer que seja, arrancar
as portas da cristaleira, arrumar as roupas por cores,
em um espaço maior que é só nosso. Percebe o que a
minha natureza mandona já tinha me avisado: "Faça você
mesma, não espere, resolva!" De coisa resolvida em coisa
resolvida, uma hora a gente olha ao redor, vê tudo do
jeito da gente, como deveria ter sido sempre, porque a
gente pode. A gente percebe que a vida mudou e a cada
dia recupera uma parte nossa que havia perdido. Uma parte
encantadora, sem dúvida alguma.

A cozinha portuguesa é riquíssima, mas adverte os
criativos quanto a invencionices. Como intrusa, tenho
sempre o cuidado de criar sem faltar com o respeito
às tradições. A receita a seguir surgiu das cores
deliciosas da minha vida nova, e eu me permiti um pouco
de ousadia, leveza e novos sabores.

< Praça do Comércio >

Tosta de sardinha fresca com abacate, manjericão e azeitonas

RENDIMENTO: SERVE 3 PESSOAS

MANTEIGA PARA PASSAR NAS FATIAS DE PÃO E TOSTÁ-LAS ♡ 6 FATIAS DE PÃO DE MAFRA (NO BRASIL SUGIRO USARMOS PÃO DE FÔRMA ARTESANAL, DE PREFERÊNCIA UM POUCO MAIS DURO, RÚSTICO E ESBURACADO QUE OS PÃES INDUSTRIALIZADOS) ♡ AZEITE PARA GRELHAR AS SARDINHAS ♡ 3 SARDINHAS FRESCAS (ABERTAS AO MEIO, ESPINHAS RETIRADAS) ♡ 1 COLHER DE SOPA DE MOSTARDA ♡ RODELAS DE 1 TOMATE ♡ ¼ DE UM ABACATE PEQUENO ♡ ½ CEBOLA ROXA PEQUENA CORTADA EM RODELAS ♡ 6 AZEITONAS PRETAS (CORTADAS AO MEIO COM CAROÇOS RETIRADOS) ♡ FOLHAS DE MANJERICÃO-DE-FOLHAS-LARGAS

> Preparo:

1. Passe manteiga nas fatias de pão e toste-as em uma torradeira ou grelha. Reserve.

2. Em uma frigideira bem quente com azeite, grelhe as sardinhas dos dois lados, virando apenas uma vez, prestando atenção ao ponto. Sele apenas!

3. Coloque mostarda e tomate sob a sardinha em cada tosta. Adicione o abacate, as rodelas de cebola, as metades de azeitonas, as folhas de manjericão e feche-as em sanduíches.

‹ Saboreando Lisboa ›

"É o comer que faz a fome."

Eça de Queirós

Então vamos ao inevitável quando se trafega, ainda que ilusoriamente, por Lisboa: vamos falar sobre peso, essa bobagem perturbadora e incômoda para a grande maioria do gênero feminino. Pois essa bobagenzinha não dá trégua nem para as cozinheiras, que poderiam, se o mundo fosse justo, engordar cinquenta por cento a menos que as não cozinheiras.

Fui bem magra até os 25, às vezes fico magra, segundo várias leis de magreza que não são as minhas, mas normalmente dou aquela oscilada.

Tenho um preconceito natural contra mulheres que dizem se esquecer de almoçar — portanto as ignoro — e torço mesmo o nariz para mulheres de uma outra facção: as que dizem ter dificuldade para engordar. Essas são perigosas, minha gente! Mas sinto que a raça humana, que não anda valendo grande coisa mesmo, involui a cada vez que alguém diz que não gosta de doce. É como se uma fada morresse bem ali. Só consigo ficar muito magra se vítima de uma paixão avassaladora e, ainda assim, por 15 dias, que é o máximo que meu aparelhinho de autoestima demora na assistência técnica, descarregado ou bugado. Quando volta, traz a felicidade, que é feita de ovos moles, pastéis de nata, travesseiros da Periquita, queijo da serra, cabritos, secretos de porco preto, arroz com tomate, muitas batatas ao murro, todos os vinhos do mundo, todos os portos do mundo e todos os pata-negras do mundo, tudo isso embalado em uma nuvem de especiarias, muito açúcar e manteiga da boa. Ah, por uma questão de mérito, a felicidade também é feita de pães, mas na nuvem dela só entram os franceses.

Uma vez achei que comeria só proteína em Lisboa e que retornaria ao Brasil com o mesmo peso. Ledo engano. O ar de Lisboa engorda. Engorda porque tem cheiro de tudo isso (vide composição da nuvem). Ontem eu estava mais gulosa que o normal e, na Calçada do Combro, diante de uma confeitaria, ouvi a voz da minha filha mais

‹ Magreza ›

velha: "Mamãe, se joga!" Morrendo de saudades daquelas duas, me joguei, e, acredito, a conta já chegou. Hoje, portanto, resolvi vir à Feira Orgânica no Príncipe Real. Uma das coisas difíceis de se achar em Lisboa são boas combinações de saladas. Nesse ponto, a gastronomia portuguesa tradicional deixa a desejar, porque tudo que normalmente se encontra são saladas de alface, tomate e cebola e, com sorte, um pouco de cenoura. Algo de certa forma incompreensível para quem visita uma feira na cidade pela diversidade de ingredientes que se encontra. Comprei maços lindos de espinafre, uma meloa suculenta dulcíssima, algumas berinjelas-ovo — expressão de perfeição da natureza — e uns rabanetes brancos saborosíssimos, que eu nunca tinha visto no Brasil, e a atendente da barraca da Quinta do Poial me explicou que se chamavam Candeal de Gelo. Com tudo isso, criei o prato a seguir e aprendi que dá para viver magro de lindas saladas em Lisboa, sim. É só a gente soltar a imaginação e combinar os alimentos que a farta natureza dali dá.

< Magreza >

Salada de espinafre com meloa, berinjelas-ovo, candeal de gelo e molho de especiarias

RENDIMENTO: SERVE 4 PESSOAS

1 BERINJELA-OVO EM FATIAS FINÍSSIMAS (PODE SER SUBSTITUÍDA POR BERINJELA COMUM OU POR ABOBRINHA) ♥ AZEITE ♥ 12 FATIAS DE MELOA CORTADAS BEM FINAS À MANDOLINA ♥ 1 MOLHO DE ESPINAFRE LAVADO E SECO ♥ 1 PEDAÇO DE CANDEAL DE GELO OU 2 RABANETES (CORTADOS EM RODELAS FINAS) ♥ 1 COLHER DE SOPA DE AMÊNDOAS DOURADAS NA MANTEIGA ♥ SAL, PIMENTA-DO--REINO, GENGIBRE EM PÓ, NOZ-MOSCADA E CÚRCUMA

> Preparo:

1. Grelhe a berinjela-ovo em uma frigideira bem quente com um fio de azeite.

2. Monte a salada entrelaçando as fatias finíssimas de meloa e os demais ingredientes.

3. Coloque as amêndoas por cima.

4. Faça um molho com azeite, sal, pimenta-do-reino, gengibre em pó, noz-moscada e cúrcuma, equilibrando os ingredientes como quiser.

Ladeiras e terapia em oitos

< *Saboreando Lisboa* >

"Minh'alma de sonhar-te anda perdida
Meus olhos andam cegos de te ver!
Não és sequer a razão de meu viver,
pois que tu és já toda a minha vida"

Florbela Espanca

Descia vagarosamente do Príncipe Real em direção à Praça
das Flores, sentindo arder o embrulho que carregava
por dentro. Nem quente nem frio, nem cheio nem vazio,
era um incômodo intercorrente que se alternava com um
vácuo indolor. Olhava o celular, ou telemóvel, como
queiram, e conferia a última hora de acesso. Imaginava
as possibilidades. Já era tarde, então o dia estava
praticamente perdido e a noite também. Recriava os
fatos, fazia análises e sentia vontade de se beliscar
quando percebia que tinha sido afoita. Trabalhar lhe
era impossível agora. Impossível não, mas para o bem
da humanidade, fora de questão. Textos bregas e falas
chatas, personagens intensos e shakespearianos capazes
de qualquer insanidade. Coisa de quem tem ele — sim, um
homem, aliás qualquer um, um qualquer — a lhe embaralhar
os miolos. Porque mulher que se preza é capaz de tudo,
inclusive se apaixonar por alguém inventado.

Se você logo nas primeiras cinco linhas entendeu
o enredo deste textinho que começou pretensioso,
escorregou na cafonice e derrubou você com a realidade,
reze! Reze para voltar a ter uma vida plácida, dessas
tipo boas, em que é possível ter fome para almoçar,
tranquilidade para trabalhar, ler um parágrafo uma vez
só para compreender e prescindir de ansiolíticos ou
coisa que o valha para dormir. Reze para que a imagem
monofocalizada da qual a sua cachola não se desvincula,
a dele — do homem —, desapareça lhe restabelecendo
alguma paz, e lhe proporcionando a chance de voltar a
prosseguir na vida, isso mesmo, como gente, e não como
uma reeditora de lembranças eróticas — que sem dúvida
são as mais recorrentes.

Estava tudo tão tranquilo com aquele casamento ok,
até que o turbilhão de emoções desembarcou na sua

‹ Ladeiras e terapia em oitos ›

vidinha controlada, e a presença dele, do homem (tá certo, muitas vezes a ausência dele, é verdade), passou a enchê-la de espasmos, para não usar uma palavra impublicável para um livro de receitas. Mas a vida é isso e não adianta tentar catequizá-la porque ela não pede licença nem para acertar uma pedra nos seus planos nem para cooperar, e seja ela — a moça das primeiras cinco linhas — quem for, vai ter de continuar descendo e subindo as ladeiras do Bairro Alto até isso passar.

A tecnologia se reiventa a cada dia nos esbofeteando com a nossa própria obsolescência. Com ou sem cartas, correios, telefones, telemóveis ou mensagens instantâneas, nossos estômagos vão sentir a ausência dolorida daquele que deveria ter feito chegar uma carta na caixa do correio, ou simplesmente feito aparecer a palavra "digitando" logo ali embaixo do seu nome, quando ele, o homem, estiver on-line. Usuários de WhatsApp, em tempos de sumiço, entenderão.

E enquanto a vida segue, assim, em sobressaltos — como nos versos de Florbela Espanca —, é preciso enganá-la. É preciso cozinhar coisas que restabeleçam a candura. Descobri que os ovos moles são feitos desenhando-se sucessivos "oitos" na panela com o batedor de arame. A ciência gastronômica é sábia e sossega corações aflitos. Terapeuticamente, que o remédio seja doce!

< Ladeiras e terapia em oitos >

Ovos moles

RENDIMENTO: SERVE 15 PESSOAS

750 G DE AÇÚCAR ♡ 2 XÍCARAS DE ÁGUA ♡ 30 GEMAS DE OVOS

> Preparo:

1. Em uma panela média, coloque o açúcar com a água no fogo. Deixe ferver por aproximadamente 3 minutos, ou até que se obtenha um caramelo em ponto de fio.

2. Adicione as gemas e mexa-as com um fouet fazendo "oitos" na panela a fogo baixo até engrossar.

3. Para servir, coloque os ovos moles em uma travessa, dividido em taças ou potinhos, e polvilhe canela em pó.

< *Saboreando Lisboa* >

"Eu não sou boa nem quero sê-lo,
contento-me em desprezar quase todos,
odiar alguns, estimar raros
e amar um."

Florbela Espanca

Não tente me decifrar. Vá ao ponto de partida. Quando tudo começou, eu pensei: vou encher você de amor. Logo enxerguei sua alma vazia e machucada e suspeitei, diante do algoritmo que o revelava, que outras mulheres haviam feito justamente o contrário. Queria cozinhar todos os dias para você, colocar a mesa na varanda e espantar o silêncio triste que você trouxe dos lugares ocos por onde passou — não me pergunte por quê. Mulheres cismam, e eu não sou diferente. Imaginei os ambientes secos sem bolos no forno, sem cheiro de café, sem velas acesas. Casas arrumadas até, mas sem uma mancha de vinho que revelasse que alguém se esbaldou ali. Queria colocar nas panelas a alquimia vital que mantém vivo o meu espírito para reavivar o seu também. Desconfio que você não compreenda que o verdadeiro luxo é inacessível para quem não canta alto pela casa. Mas entre as minhas gargalhadas e os seus presentes, quis o destino que junto com o pouco que tínhamos tivesse chegado outra. Poderia ter insistido, mas isso era para ser um grande amor. Só se fosse um grande amor.

Prezo pelas coisas leves, mas contra todas as advertências, ainda prefiro o exagero e a adrenalina, mesmo que em resistência a fraturas e sequelas. Somos coletâneas de mapas com rabiscos, santos e amuletos em gavetas, bilhetes de retorno e voos perdidos. Mas somos também uma trilha sonora com canções sobre conquistas e encontros. Somos sobreviventes arredios dos nossos buracos e crateras, com marcas do passado e certamente algum alívio no futuro. Mas a melhor forma de me entender é olhando para a frente, porque não estou perdida. Não ia conseguir enchê-lo de amor se você também não seguisse adiante. Sim, adiante, a direção para a qual você não conseguiu ir.

‹ Segue o bonde ›

Segui em frente e avancei na Rua das Pedras Negras. Na linda mercearia Prado, comprei as azeitonas, os queijos, os pães e as sardinhas que não comemos. Não me enganei ao ver uma seta apontando a rua que me conduziria até você. Desviei infeliz do meu próprio desejo, mas sabia que a direção a seguir era simplesmente alguma outra que me levasse para o futuro, onde não estaria você.

O futuro começou às 19h40, ao cair da tarde, vendo o sol se pôr sobre o Tejo. Abri o pote de azeitonas verdes e descarocei uma a uma, começando a cozinhar o primeiro prato do ciclo que estava começando. E, sem dúvida nenhuma, viria muita coisa boa pela frente. E veio.

< Saboreando Lisboa >

Arroz de pato com paio e azeitonas verdes

RENDIMENTO: SERVE 10 PESSOAS

2 KG DE COXAS E SOBRECOXAS DE PATO ♥ 2 LITROS DE ÁGUA PARA FERVENTAR O PATO E DESCARTAR ♥ AZEITE PARA REFOGAR ♥ 2 CEBOLAS GRANDES CORTADAS EM 4 PEDAÇOS ♥ 2 TOMATES CORTADOS AO MEIO ♥ 1 RAMO DE SALSA ♥ 5 FOLHAS DE LOURO ♥ 1 RAMO DE TOMILHO ♥ 1 RAMO DE ALECRIM ♥ 5 DENTES DE ALHO INTEIROS ♥ 500 ML DE VINHO BRANCO ♥ 3 LITROS DE ÁGUA (PARA FAZER O CONFIT) ♥ 5 DENTES DE ALHO PICADOS FINÍSSIMOS (PARA REFOGAR O ARROZ) ♥ 4 XÍCARAS DE ARROZ PARBOILIZADO ♥ 300 G DE PAIO DEFUMADO PICADO EM QUARTOS ♥ 200 G DE AZEITONAS VERDES INTEIRAS, SEM CAROÇOS

> Preparo:

1. Coloque os pedaços de pato em uma panela grande com 2 litros de água. Deixe ferver e, depois que ferver, deixe no fogo por mais 20 minutos. Jogue fora a água para descartar o sebo.

2. Em uma panela grande, refogue com azeite as cebolas, o tomate, a salsa, as folhas de louro, o tomilho, o alecrim e os dentes de alho.

3. Depois de 8 minutos no fogo, adicione o vinho branco e deixe que tudo ferva novamente por uns 10 minutos.

4. Adicione 3 litros de água, os pedaços de coxa e sobrecoxa e deixe cozinhar por aproximadamente 2 horas, ou até que a carne esteja soltando dos ossinhos.

5. Retire os lombos de carne dos ossinhos, desprezando também cartilagens. Reserve a carne limpa.

6. Passe todo o caldo resultante da panela pela peneira e despreze todos os sólidos, obtendo um caldo homogêneo.

7. Em uma panela grande, refogue o alho com um pouco de azeite. Adicione o arroz, o caldo do pato e deixe cozinhar, adicionando mais água se for preciso.

< Segue o bonde >

8. Quando estiver quase cozido, junte a carne de pato, o paio e as azeitonas verdes ao arroz.

9. Sirva bem quente, regado com azeite.

‹ Saboreando Lisboa ›

"Eu estarei vivo e, vivendo, não deixarei morrer quem caminhou comigo, ao longo do caminho."

Miguel Sousa Tavares

O céu carregado de nuvens cinzas, e eu aqui, no banco do elétrico, olhando para as antenas das casas e para o emaranhado de fios que se estendem entre os postes. No Rio da minha infância e na Lisboa presente da minha estada, esse *déjà-vu* intermitente sempre me lembra a volta do balé ou da escola, e eu sentada no banco de trás. Alguém me levando ou me buscando, quando eu não me conduzia sozinha. Ao olhar para o céu, uma tristeza protegida. E de aperto em aperto no coração, os anos se foram. Por vezes, dias ensolarados, que se alternavam aos tristes fios emoldurados em nuvens cinzas, impulsionavam a mola da vida. E assim eu ia. Aliás, fui e vou indo sempre, obrigada. Persigo o sol e nunca as nuvens. Vejo agora os telhados que vão do pêssego ao laranja, do vermelho ao ocre, encostando no azul do céu, e que estalam nas almas da gente a vontade de ir para as ruas, de botar a alegria para fora e brindar a luz mais linda das luzes.

Assim também foi no Rio da minha infância, naquele em que a voz do vendedor de mate e biscoito ecoava em uma praia que curava qualquer coisa. Entre banhos de mar, meus olhos encaravam fixamente o horizonte, e mesmo com ilhas desertas, correntezas e tempestades, vinha sempre alguma coisa depois e era por causa dessa coisa que eu tinha vontade de seguir em frente. As letras erradas das músicas que cantava, a vergonha de ser pega na mentira, o constrangimento dos tropeços; uma hora tudo passa a fazer sentido, e a sucessão de histórias escritas em páginas amassadas se transforma em uma narrativa imperfeita, mas consistente. Histórias de fotografias que se amarelaram e de toalhas de mesa que o tempo levou, cujos cheiros e tramas ainda fazem parte das memórias dos domingos. Lembranças de crianças de pijama e cabelos molhados repartidos para o lado com alfazema. Maços de cigarros que já não existem mais, latas de sorvete feitas em ferro, azul de metileno, permanganato de potássio e gelo para passar a dor. Atualmente uma

< Rio-Lisboa >

Amarguinha, um Porto Tônica e as garrafas do Douro curam aquilo que antes passava com muita água com açúcar.

A magia das casas da nossa infância é sempre a mesma, não importa onde estejamos. Um dia aqui em Lisboa me dei conta, comendo algo que minhas filhas adorariam, de que as crianças pequenas só comem aquilo que lhes oferecem, na hora que lhes oferecem. Apesar de as minhas filhas já serem maiores, fiquei desolada ao perceber que quando pequenas elas não podiam simplesmente matar seus desejos indo à rua, pois eram subsidiadas por nós, os pais. Diante disso, vamos encher nossas geladeiras de tudo de melhor que existe, vamos ensinar nossas crianças a cozinhar, espantar suas tristezas, seus medos e permitir que consigam reverter seus dias de céus escuros.

< Rio-Lisboa >

Pudim de claras Molotov

RENDIMENTO: SERVE 10 PESSOAS

>> **Para a calda de caramelo:** 180 G DE AÇÚCAR ♥ 60 ML DE ÁGUA

>> **Para o pudim:** 10 CLARAS DE OVOS ♥ 1 PITADA DE SAL ♥ 300 G DE AÇÚCAR

> Preparo:

1. Preaqueça o forno a 180 °C com uma assadeira com água (onde o pudim será assado).

2. Use o fundo de uma fôrma de pudim de 20 cm com um furo no meio para fazer o caramelo, misturando bem antes o açúcar na água e colocando-os no fogo por 10 minutos. Retire a fôrma do fogo e reserve-a.

3. Bata as claras e o sal na batedeira em velocidade média até que as claras fiquem firmes (passe uma colher e vire o dorso sem que as claras em neve caiam da colher).

4. Vá pouco a pouco adicionando o açúcar e bata por uns 20 minutos até obter um merengue firme. Coloque o merengue na fôrma já com a calda de caramelo e leve ao forno dentro da assadeira em banho-maria.

5. Deixe o pudim assar por aproximadamente 1 hora e 10 minutos.

6. Desligue o forno e deixe que o pudim esfrie dentro do forno. Quando estiver frio, passe uma faca para soltar as laterais. Vire o em uma fôrma.

< Rio-Lisboa >

Baba de camelo salgada

RENDIMENTO: 8 PORÇÕES

1 LATA DE LEITE CONDENSADO ♥ 4 OVOS SEPARADOS (CLARA E GEMA) ♥ UMA PITADA DE SAL ♥ RASPAS DE LIMÃO

> Preparo:

1. Cozinhe a lata de leite condensado na panela de pressão por 1 hora. Deixe a lata de leite condensado esfriar.

2. Bata as claras até que fiquem bem firmes (em ponto castelo) e misture as gemas com um batedor de arame.

3. Misture o doce de leite condensado com as claras, usando a batedeira na velocidade mínima, e adicione o sal.

4. Leve à geladeira por aproximadamente 4 horas.

5. Sirva com raspas de limão.

Vento na janela

‹ Saboreando Lisboa ›

"Ah, o amor... que nasce não sei onde, vem não sei como, e dói não sei porquê."

Luís de Camões

O vento bateu na janela que alcançou um vaso prestes a quebrar. Prestes a quebrar, não, mas que incomodava. Aliás, as coisas com o tempo passam indiscutivelmente a tomar os lugares que ocupam, com autoridade e inércia, como se criassem raízes. Por que nenhum lisboeta muda a cor original de suas casas? Porque harmonicamente as cores habituais compõem uma paleta conhecida, que inspira continuidade, serenidade e resistência aos percalços do tempo. E a mudança incitaria uma ausência, e ninguém gosta de lidar com isso. Só que o vento veio — santo vento — e mostrou a obsolescência da coisa, que ali mesmo deixou de ser coisa e virou passado. Até senti um rasgo no estômago com o barulho do estrago.

Era o fim de uma manhã ensolarada no Marché-aux-puces em Paris, de duas horas carregando uma sacola, seguido de um coq-au-vin no Marais. Entre garfadas, beijos e macarons, eles beberam um pouco mais que o razoável, e o confronto despontou do álcool. Onde havia afagos, sedução e uma dupla, passou a existir fúria, hostilidade e um único ser, já que ela pegou a bolsa e a sacola e saiu andando pela Rue Saint Paul em direção ao Sena. Enquanto bufava tipicamente como um parisiense, ele indagava o porquê de as pessoas escolherem gastar tão mal o árduo fruto de seus trabalhos...

Bem-vindos às férias, nas quais também embarcam a carência, as queixas e o ciúme! Mas *Paris sera toujours Paris* e, ao chegar ao hotel, ainda ao som imaginário dos acordeons do Marais, a trégua foi grandiosa, e o desfecho digno da cidade-luz, com direito a estreia de lingeries, borbulhas e foie gras. E o vaso estacionado na chaise vendo toda a orgia.

O vaso sobreviveu à Paris beligerante, fez cruzeiro romântico na Escandinávia e aterrissou em Lisboa. Ou melhor, na Estrela, onde abrigou rosas em cada uma das três vezes em que a família aumentou, sustentou folhagens decorativas quando a grana foi pouca, e foi

< Vento na janela >

herdado pela ocupante feminina da casa quando tudo aquilo se desfez. E se você dissesse para a dona do vaso um ano antes daquela choradeira do desfazimento que aquilo era inevitável, mas que era imprescindível e que ela se refaria e seria ainda mais feliz alguns meses dali, ela não acreditaria. Se você explicasse por A + B que aquilo era uma questão astrológica e que, para alguém como ela, que estava com saturno montado na sua lua, não restaria pedra sobre pedra, ela se desesperaria e não escutaria o final da previsão. Era o conforto *versus* a mudança, o estado de direito *versus* o golpe, o comercial de margarina *versus* a virada, e quem está na situação um não tem disposição para se deslocar para a dois. Pois bem. Agora o vaso quebrou. É preciso catar os cacos, sacudir a poeira, descartar para dar espaço ao novo. Mas é preciso, acima de tudo, mais que qualquer outra providência, arrumar as malas e ir o mais depressa possível a Paris encontrar, com bom gosto e sabedoria, um vaso ainda mais lindo no Marché-aux-puces.

Em Lisboa, já com vaso novo, o galo daquele dia foi sendo pouco a pouco esquecido pela sucessão de acontecimentos da vida. As crianças cresceram, namorados apareceram, um reparo aqui e outro ali, foram continuamente mudando o cenário da casa e, inevitavelmente, o local se encheu de novas pessoas. A dona manteve seus rituais e seguiu entusiasmada na direção do novo. Um dia assim, como outro qualquer, ao colocar o frango na panela, lembrou vagamente do galo e do vaso, da dor, do vento e do tempo. Era domingo, estava feliz, e haveria cozido.

< Vento na janela >

Cozido à portuguesa

Foi preciso buscar uma adaptação na receita não só pela falta dos enchidos que há em Portugal, como a morcela, o chouriço de sangue, as alheiras e farinheiras, mas porque sei que o segmento para o qual escrevo no Brasil tem restrições a determinadas partes, e até à adição, de certos animais. Mas pelo que pude experimentar e pesquisar, a orelha de porco e o chispe (pé) não podem faltar! Outro lembrete, normalmente, usa-se três couves: couve-lombarda, couve-coração e couve-portuguesa. Usaremos a nossa couve-manteiga apenas.

RENDIMENTO: SERVE 4 PESSOAS

2 FOLHAS DE LOURO ♥ 75 G DE ENTREMEADA (BACON) ♥ 200 G DE NOVILHO DO CACHAÇO (SUGIRO COLOCARMOS COSTELA BOVINA) ♥ 200 G DE ENTRECOSTO (COSTELA) DE PORCO SALGADA ♥ 200 G DE COXAS E SOBRECOXAS DE FRANGO ♥ 150 G CHISPE (PÉ) ♥ 50 G ORELHA DE PORCO ♥ 2 CHOURIÇOS DE SANGUE (VAMOS SUBSTITUIR POR UM PAIO E UMA LINGUIÇA DE PERNIL) ♥ 1 CHOURIÇO DE CARNE (VAMOS COLOCAR LINGUIÇA FININHA DEFUMADA, ORA POIS!) ♥ 100 G DE NABO ♥ 100 G DE REPOLHO ♥ 1 CENOURA ♥ 3 BATATAS MÉDIAS ♥ ~~1 MORCELA~~ (ESSE ENCHIDO VAMOS FICAR DEVENDO, A NÃO SER QUE ALGUÉM CONSIGA IMPORTAR) ♥ ~~FARINHEIRA~~ (ESSE TAMBÉM VAMOS FICAR DEVENDO...) ♥ ~~150 G COUVE-LOMBARDA~~ ♥ ~~150 G COUVE-CORAÇÃO~~ ♥ ~~150 G COUVE-PORTUGUESA~~ (TEREMOS APENAS 300 G DE COUVE-MANTEIGA) ♥ FEIJÃO BRANCO OU GRÃO-DE-BICO ♥ ARROZ

> Preparo:

1. Em uma panela de pressão com ½ litro d'água, coloque o louro, o bacon e as carnes mais duras (costelas de boi e porco, frango, chispe e orelha) e deixe cozinhar por 25 minutos.

2. Retire as carnes cozidas do caldo da panela e reserve-as.

3. Corrija o sal do caldo e adicione os enchidos (paio e linguiça fininha) e os legumes. Quando estiverem cozidos, retire-os do caldo.

4. Use o mesmo caldo (depois de cozinhar os enchidos e os legumes) para preparar o feijão branco ou o grão-de-bico.

5. Sirva com arroz branco.

8 de novembro

‹ Saboreando Lisboa ›

"As palavras dançam nos olhos das pessoas
conforme o palco dos olhos de cada um."

Almada Negreiros

8 de novembro. Eu de 1972. Ela de 1964. O 8 no tarô
é a força. Mas em certos tarôs, a força é o 11. Não
importa. Somos de 8/11 e encontramos a força em dose
dupla ao quadrado e até do avesso. Tem sido assim desde
aquele dia em que não tínhamos muita intimidade e ela,
essa locomotiva laboriosa, me avisou: "Amanhã vamos
fotografar mais 5 pratos!" Como assim, parceira? Preciso
me inspirar, respirar, criar... Não foi possível. A
trégua com ela é trabalhando mesmo, corporificando cada
um dos nossos sopros de ideias. E todas as vezes que
ela leu em mim o medo, me mandou um verso, uma música ou
uma imagem para expulsar o entrave. Com a mesma fluidez
e leveza temos vivido em Lisboa, entremeando nossa vida
e nosso trabalho, com idas e vindas às gargalhadas,
garrafas esvaziadas, pés nas areias de Albufeira, cliques
e mais cliques, sempre procurando a beleza, o frescor, o
melhor ângulo.

Ainda que das melhores experiências, não poderia supor
que haveria ainda mais sintonia nas terras de cá, e
que criaríamos tão rápido, nos comunicaríamos como se
fosse uma só imaginando — somos mandonas, e nem assim dá
defeito —, leríamos as invenções recíprocas com tanta
agilidade e desistiríamos dos retoques praticamente
juntas, em prol da captura do momento, da naturalidade,
da descontração de quem só aceita as coisas que são
de verdade. Manoel Carlos, sabido, viu que ela era
personagem de novela. E recriou uma em cima dela. Eu,
sabida, acordei de ressaca no meio da noite e mexi nas
coisas dela atrás de um analgésico para me livrar da
sequela do vinho verde. Ela haveria de ter, porque ela
sempre tem tudo. Tinha.

"Tá com cara de pegadora!", me disse na porta da
livraria. Como não me fazer rir de verdade desse jeito?
Daí para achar beleza em fio de abajur é um pulo. Sim,
a Bel é a mistura mais cool e obsessiva que eu já vi, e

‹ 8 de novembro ›

se eu fui a culpada de ela descambar para a gastronomia — na verdade se atirar, porque tudo nela é com ímpeto de salto mortal —, a Bel revelou no meu trabalho algo que nem eu acreditava que existia. Acho que virei gente grande ali no set que montamos com a luz da tarde em janeiro de 2014.

Descobrir-se uma dupla fora do casamento é para poucas, Isabel. Aqui estamos, dias sim, dias também, exaustas e felizes. Sonhamos com um projeto que, graças a sua urgência em fazer, virou esse tanto. Eu teria me enrolado e me encolhido no meu bloqueio, porque, afinal de contas, quem quer mesmo ler essas coisas e cozinhar essas receitas? Mas você tomou para si esse troço, que virou seu e ganhou vida diante do seu olhar que brilha. Me dirigiu nessa. Uns têm aviões, outros têm casas em Cascais, e eu tenho Isabel Becker para sonhar junto comigo sabe-se lá agora com o quê, porque conviveremos por algum tempo com a abstinência, que já dá os seus sinais, da nossa vidinha em Alfama.

E já que falei tudo isso, termino essa história do nosso 8 de novembro com a sutileza de um bolo de oito ingredientes e oito etapas de uma receita particularmente rara, em que a mistura converge para um resultado mágico, consistente e real. O bolo do nosso aniversário.

Isabel Becker nasceu no Rio de Janeiro, cidade em que mora até hoje. Formada em Comunicação Visual, iniciou os estudos de fotografia em Oxford, Inglaterra. No jornal *O Globo*, destacou-se como fotógrafa de moda e comportamento e, em seguida, passou a fotografar para revistas da Editora Abril.

Com 25 anos de carreira, lançou seu primeiro livro, *Isabel Becker fotografias* e, em 2015, assinou as fotos do livro *Saboreando o Rio*, publicado pela Editora Senac Rio. A obra deu frutos e as amigas retomam a parceria nesta obra.

< 8 de novembro >

Bolo de limão de 8 de novembro

RENDIMENTO: SERVE 10 A 15 PESSOAS

150 G DE MANTEIGA ♥ 300 G DE AÇÚCAR (SEPARADOS EM 3 PORÇÕES DE 100 G CADA) ♥ 6 GEMAS DE OVOS ♥ SUCO DE 1 LIMÃO TAITI COADO ♥ RASPAS DE LIMÃO ♥ 250 G DE FARINHA DE TRIGO ♥ 6 CLARAS DE OVOS ♥ 1 PITADA (½ COLHER DE CAFÉ, APROXIMADAMENTE) DE BICARBONATO DE SÓDIO ♥ 1 COLHER DE SOBREMESA DE FERMENTO EM PÓ

> Preparo:

1. Preaqueça o forno a 180 °C.

2. Em uma tigela, bata a manteiga com 100 g de açúcar até obter uma mistura homogênea.

3. Junte as gemas, coloque o suco de limão e as raspas. Coloque a farinha. Bata até obter uma massa homogênea. Reserve.

4. Em outra tigela, bata, com o auxílio de uma batedeira, as claras até o ponto em neve, adicione o bicarbonato de sódio e mais 100 g do açúcar e continue batendo até que fiquem bem firmes.

5. Junte as duas misturas, mexendo com um batedor de arame até que se transformem em uma massa homogênea e, por fim, incorpore o fermento em pó, mexendo ainda lentamente com a espátula.

6. Coloque a massa em fôrma untada e leve ao forno para assar por aproximadamente 45 minutos.

7. Espere esfriar e desenforme-o.

8. Leve ao fogo os 100 g de açúcar remanescentes em 50 ml de água por 5 minutos para fazer a cobertura de açúcar. Despeje sobre o bolo e decore com raspas de limão ou rodelas.

A menina

< *Saboreando Lisboa* >

"É preciso passar sobre ruínas,
Como quem vai pisando um chão de flores."

Antero de Quental

Madalena canta e dança na frente do espelho. Espanta sua aura de princesa e incita sua melhor versão plebeia e popular. Jorra como só os pulsantes sabem fazer. Com 8 anos o ser humaninho que mora na gente ainda pode tudo. Madalena sabe disso e, às vezes, abusa da sagacidade e é malvada. Aproxima-se de Mafalda e sussurra: "Sua estúpida!" Mais tarde, ao atravessar a sala de balé, um piano triste em sintonia com olhares debochados já a faz perceber que as portuguesinhas resolveram retaliar. Danem-se elas, pensa. Mas entre um *plié* e um *sauté*, uma lágrima escorre, e ela entende que não é tão inabalável assim. Contra tudo e todos, amanhã a escola não será nada fácil.

Em casa, uma Madalena emburrada e sem fome se enfurna no quarto e recusa até o toucinho do céu. Ela arruma as coisas para ir para a casa do pai mal embalada pelo desânimo que toma conta de si. Se a vida fosse como nos contos de fada, nesse exato momento apareceria uma fada que diria que aquilo tudo vai passar e que ela precisará se lembrar daquele dia para resolver outra coisinha mais à frente. Mas tudo o que apareceu foi a mãe dizendo que o pai não poderia levá-la naquela noite. Justo naquela noite em que o pai de sua irmã já a tinha levado...

É que, às vezes, Madalena, de noite fica escuro mesmo. E não tem Peter Pan na vida real para visitá-la pela janela nem haverá tranças compridas para o príncipe escalar a sua torre. Eu também não queria contar, mas seu príncipe na verdade é um belo de um sapo, e você vai ter de respirar fundo e ser indiferente à dor mais aflitiva que acometê-la. Aliás, Madalena, nessa torre aí, você estará sozinha tendo de produzir um trabalho que esperam de você, quando muito provavelmente vai estar sem grana, cansada, apavorada com hostilidades que ouviu e não vai poder desistir. Seu pai e sua

< A menina >

mãe, nessa época, já estarão precisando da sua ajuda e
talvez não tenham mais condições de consolá-la. Aqueles
almoços na casa da sua avó, quando a família-catarse
explodia de amor, vão ser mais raros, e, naturalmente,
isso fará você se sentir desprotegida. Mas é aí que
você vai ter de ser mais forte, Madalena, e botar
para dançar aquela menina da frente do espelho, que
cantava alto e não tinha medo de nada. A esta altura
você saberá que não existem mais princesas, e quando
acordar e esticar seu braço, aquele que você achou
que era o príncipe não estará mais ali. Nesse dia,
coloca um fado lindo da Mariza, chora tudo que tiver de
chorar. Depois, vista-se com tudo de melhor que você se
permitir, gasta mesmo, Madalena, seja gentil com você.
Comece a cantarolar feliz porque, pode ter certeza, o
universo vai ter escutado. Você sempre jorrou, tudo seu
foi intenso, você não se arrependeu de nada. E se olhar
bem na mesa da cozinha, vai ver que o toucinho do céu
da sua infância continua lá, só para você ter o sabor
de lembrar como a vida é boa.

< A menina >

Toucinho do céu

RENDIMENTO: 8 TOUCINHOS (EM FÔRMAS)

500 G DE AÇÚCAR ♥ 2 XÍCARAS DE ÁGUA ♥ 250 G DE AMÊNDOAS SEM CASCA RALADAS ♥ 12 GEMAS DE OVOS ♥ 1 COLHER DE SOBREMESA DE FARINHA DE TRIGO ♥ 1 COLHER DE SOBREMESA DE MANTEIGA ♥ AÇÚCAR DE CONFEITEIRO PARA POLVILHAR

> Preparo:

1. Em uma panela, dissolva o açúcar na água e mantenha no fogo. Deixe ferver até que, já transparente, a calda solte de uma colher em gotas mais consistentes (os portugueses chamam isso de "ponto de pérola").

2. Tire do fogo e adicione as amêndoas, as gemas, a farinha e a manteiga mexendo com a ajuda de um batedor de arame.

3. Coloque a mistura em uma fôrma de fundo removível ou em uma fôrma de silicone e leve ao forno, a 180°C, por 40 minutos.

4. Retire do forno, espere esfriar um pouco e desenforme.

5. Polvilhe açúcar de confeiteiro com a ajuda de uma peneira.

Obs.: como se nota pela foto, resolvi fazer a receita em uma fôrma de silicone para muffins (porções individuais).

Bruxa

‹ Saboreando Lisboa ›

"Olhei noutro sentido e pude
deslumbrado,
saborear, enfim,
O pão da minha fome.
— Liberdade, que estais em mim,
Santificado seja o vosso nome."

Miguel Torga

Ninguém estava vendo. A bruxa de seios falsos que conseguia ler por trás dos olhos dele era a mesma que pegava sua vassoura e voava sozinha. Diante do silêncio ensurdecedor dos telhados, ria alto.

Nenhuma daquelas histórias tinha o significado que pareciam ter, porque a loucura rondava, mas a bruxa flanava com uma leveza consistente que vinha de dentro dela. Passeava por cada uma como quem já espera a próxima. Isso fazia parte do ciclo mágico. E, afinal, gargalhadas estridentes foram feitas para quem voa alto, pensou. Sabia que no seu caso o risco era o que melhor remunerava o capital, então preferia sempre apostar na vida. Se o universo pagava o dobro, ela jogava alto para triplicar seu investimento. Mas a cada vez que a bruxa de cabelos pretos pagava cada um daqueles códigos de barra extensos, ostentava um brilho no olhar que falava sobre a glória de ser livre. A bruxa tinha classe e deixava sua vassoura onde queria, entrava no Pingo Doce do Rossio, ainda sem saber se comprava queijo de ovelha ou de cabra, se saía e não comprava nada, se almoçava ou se jejuava. Inventava todas e cada uma das possibilidades à sua frente, e, no fundo, sua magia encantava.

Como quem havia roubado a esmola do cego, andava olhando de viés para quem passava, tentando registrar o filme infinito e ininterrupto que a sua existência podia revelar. A maturidade da bruxa incomodava. As portuguesas a achavam vulgar, uma galdéria. A bruxa sabia que o tempo estava a seu favor, muito mais que a favor dos homens, que envelheciam pior e sem tantos recursos. E quem se importava com o tempo? A bruxa

‹ Bruxa ›

estava à frente do seu tempo. Lusófonas falantes, suas amigas eram todas bruxas. Andavam em duplas, no máximo em trios, mas, para o bem da bruxaria, jamais em quartetos.

Tomavam gim, vinhos, remédios para dormir, eram pulsantes e nada reprimidas. Àquela altura, a bruxa já havia experimentado o presente que é ganhar de volta sua melhor amiga de infância e parceira, só para ela, aos 44 do primeiro tempo, sem nenhum marido para atrapalhar. Sua *best* tinha filhos mais velhos e também pagava sozinha cada uma das suas faturas, que eram caras. Imergiam em uma adolescência duplicata, e a travessura tomava progressões geométricas em um mundo inimaginável de euforia que tinha se tornado pequeno.

A bruxa sobrevoava o Tejo, a Ponte 25 de Abril, ia e voltava da baía de Cascais, incógnita e anônima. Ia assim experimentando, observando e aritmeticamente reservando para si só aquilo que tinha contado de bom... Lamentava as falsas fadas, diante da hipocrisia das quais, mas sem que ninguém visse, ousava até rezar e controversamente fazer um sinal da cruz. Precisava agradecer ao universo, ainda que de forma torta, sua alma de bruxa destemida e digna. Agora, sim. Era uma bruxa. Era feliz. E podia tudo.

< Bruxa >

Caldo verde

RENDIMENTO: 8 PORÇÕES

1 CEBOLA GRANDE CORTADA EM CUBOS ♥ 2 DENTES DE ALHO ♥ 4 COLHERES DE SOPA DE AZEITE ♥ 500 G DE BATATA DESCASCADA E CORTADA EM CUBOS ♥ 2 LITROS DE ÁGUA ♥ 150 G DE BACON PICADO EM CUBINHOS OU 1 PAIO CORTADO EM RODELAS ♥ 450 G DE COUVE CORTADA BEM FININHA ♥ SAL A GOSTO

> Preparo:

1. Coloque a cebola e o alho e 2 colheres de azeite para refogar por 3 minutos em uma panela a fogo médio.

2. Adicione as batatas e a água e deixe que os ingredientes cozinhem completamente. Bata tudo no liquidificador e reserve.

3. Em uma frigideira bem quente, frite os cubinhos de bacon ou o paio em 2 colheres de azeite.

4. Leve o caldo ao fogo em uma panela, adicione a couve e deixe-a cozinhar por alguns minutos.

5. Adicione o bacon ou o paio, acerte o sal e sirva bem quente.

‹ Saboreando Lisboa ›

"Ai! Esta terra ainda vai cumprir seu ideal. Ainda vai tornar-se um imenso Portugal.
Ai! Esta terra ainda vai cumprir seu ideal, ainda vai tornar-se um império colonial."

Chico Buarque

Fixei meus olhos no pedaço de terra da janela do avião, secretamente aliviada pelo progresso nas 10 horas que me separavam dos 100 dias de viagem dos que há mais de 200 anos fizeram o trajeto inverso de navio. Sempre me despertaram uma curiosidade científica os lugares onde pisaram personagens admiráveis deste mundo. Estremeço quando me apontam na rua das Janelas Verdes: "Aqui morou Eça de Queiroz!" Escuto cantar os versos: "Sou do monte e sou do mar, só dou o nome de terra onde o da minha chegar..." e piso no chão de pedras onde está escrito "Amália" na rua de São Bento, em frente à casa onde ela morou. No quarto andar da rua da Esperança, 76, na Madragoa, era onde dormiam Isabel e José Saramago, e dali nasceu o *Memorial do convento*. Fico arrepiada ao imaginar a visão do Mosteiro dos Jerónimos contra dezenas de navios levando para o Brasil a monarquia em fuga da sede napoleônica.

Os aspectos históricos certamente acendem meus olhos bisbilhoteiros, mas confesso que o que realmente me fascina são os detalhes mais sórdidos dessas vidas: Carlota Joaquina infestada de piolhos dos quais reclamava Dom João VI. Os novos nobres cariocas do início do século XIX circulando com comendas e medalhas ostentando títulos conquistados por obra e graça de fortunas amealhadas com atividades suspeitas à imagem e semelhança dos novos ricos que hoje circulam por Lisboa, sabe-se lá levando o produto de que trabalho no Brasil.

Em tempos de corrupção nas terras de lá, parecemos, às vezes, um pouco fugitivos, descontextualizados e até ridículos em mesas no Chiado, com charutos e vinhos caros, que os lisboetas costumam abrir mais comumente em suas casas. Madrugadas frias e orvalhadas no Palácio de Queluz se contrapunham à vida quente de Leopoldina e seus filhos na Quinta da Boa Vista. Na cozinha de

< Terra à vista >

lá, carne-seca, feijão, couve e bananas. Aqui já havia embutidos, natas, patês, bifes de novilho, bifanas, castanhas assadas, muito vinho e até champanhe para celebrar tudo isso. Nada mudou tanto assim, e o caminho da Estrela em direção ao Campo do Ourique guarda a materialização da promessa de Maria I em ter um filho homem em contrapartida à construção da Basílica da Estrela. Somos grandiosos em nossos sonhos e tristes nas nossas conquistas tão inquietas e, nesse aspecto, continuamos iguais. Buscamos nos livrar de um país destruído, e podemos ser vistos em todos os cantos de Lisboa e seus arredores, exageradamente à vontade, como em todos os lugares do mundo.

Nessa busca meticulosa por detalhes que não estão nos livros de História, busquei saber quem foram Zé do Pipo, Gomes de Sá e Brás. Aprendi que Zé do Pipo era o apelido de José Valentim, dono de um restaurante no Porto, nos anos 1940. José Luis Gomes de Sá Júnior, reza o Google, era um negociador de bacalhau e foi ele quem inventou a receita que leva o seu nome. Já o Brás, que dá nome ao bacalhau que mais saboreei em Lisboa, era um taberneiro do Bairro Alto.

< Terra à vista >

Bacalhau à Brás

RENDIMENTO: 6 PORÇÕES

1 KG DE BACALHAU ♥ 3 CEBOLAS PICADAS BEM FININHAS ♥ 1 DENTE DE ALHO PICADO FININHO ♥ 100 ML DE AZEITE ♥ 12 OVOS LIGEIRAMENTE BATIDOS ♥ SALSA A GOSTO ♥ 500 G DE BATATA PALHA ♥ SAL E PIMENTA-DO-REINO A GOSTO ♥ AZEITONAS PRETAS SEM CAROÇO A GOSTO

> Preparo:

1. Para dessalgar, demolhe o bacalhau por 24 horas e troque a água 3 vezes.

2. Retire as peles e espinhas e desfie o bacalhau em lascas (não muito desfiado). Reserve.

3. Em uma panela grande, refogue a cebola com o alho no azeite até dourarem.

4. Adicione o bacalhau em lascas e misture-o com a cebola, o alho e o azeite para apurar o tempero. Acrescente os ovos, a salsa e, por fim, a batata palha. Corrija o sal, se necessário, e finalize com a pimenta-do-reino a gosto e as azeitonas pretas.

‹ Saboreando Lisboa ›

"A Isaura contou ao Crisóstomo que aceitava finalmente ser quem era, só para poder ser feliz."

Valter Hugo Mãe

Diante dos céus lindos que aprecio dos miradouros neste final de verão, tenho sido recorrentemente interrompida pela ideia da passagem dos anos e da vida. Não fosse pela minha própria inquietude de querer controlar o futuro, e adivinhá-lo, ou pela euforia em que eu me descobri na minha nova vida, esse assunto sequer me perturbaria. Sinto conforto na maturidade. Nasci já com alguma idade e gosto mesmo é de conversar e cultivar memórias. Então procuro atentar cada vez mais para o elã poético de tudo que vejo, como se isso fosse me ajudar a enganar o tempo, e tudo que ele vai irremediavelmente apagar.

Em Lisboa tudo isso veio mais forte porque eu me dei o luxo de parar para pensar. A minha ideia original era fazer um registro da gastronomia pura, que passa de mães para filhas. Queria encontrar senhoras que cozinhassem receitas que tivessem atravessado gerações e que tivessem se mantido intactas e genuínas. Conversei com algumas pessoas, entrevistei outras tantas, mas nada das senhoras portuguesas que eu imaginava encontrar.

Uma linda senhora de cabelos brancos, olhos azuis, elegante e decidida nos abriu a porta do apartamento em Cascais. Conversamos por algum tempo, e ela me contou que seu bisavô Eduardo Noronha era escritor. Seu avô Mario, esgrimista. Com 11 anos foi com seu pai, Henrique, morar em Moçambique e de lá para um colégio interno de freiras irlandesas na África do Sul. Casou-se com um alemão e morou 8 anos na Cidade do Cabo. Da mãe portuguesa, mas com nome espanhol, Maria del Pilar, herdou a vontade de cozinhar e a receita de um borrego alentejano que Isabel carinhosamente divide conosco neste livro. Rimos de nossas histórias. Aprendi expressões como "meteu-lhe os palitos", procure saber... Ao meio-dia Isabel levantou-se e disse: "Bom, vou tomar um scotch... Vocês, o que bebem?" Nesse momento, ela conversou com a minha inquietude de querer adivinhar o futuro e o tipo de mulher madura que queria me tornar.

‹ Uma casa com história portuguesa com certeza ›

É essa a mulher que quero ser: a que dirige, cozinha, experimenta novas receitas e toma seu scotch ao meio-dia, ainda que eu prefira um vinho.

Isabel cozinhou duas receitas deliciosas. O borrego que aprendeu com sua mãe e um bacalhau que não tem nome. Isabel, o ensopado de borrego e o bacalhau que não tem nome: três presentes para este livro.

‹ *Uma casa com história portuguesa com certeza* ›

Ensopado de borrego (ou de cordeiro)*

por Isabel Noronha

RENDIMENTO: SERVE 8 PESSOAS

3 CEBOLAS GRANDES ♥ 8 DENTES DE ALHO ♥ 3 KG DE BORREGO OU CORDEIRO (2 PERNAS APROXI-MADAMENTE) ♥ 2 COLHERES DE SOPA DE BANHA ♥ ½ COLHER DE SOPA DE SAL (A SER CORRIGIDO AO FINAL DA RECEITA) ♥ 4 OU 5 FOLHAS DE LOURO ♥ 2 CRAVINHOS ♥ 1 LITRO DE CALDO DE CARNE (FEITO COM SOBRAS, PONTAS OU OSSOS) ♥ 30 ML DE VINHO BRANCO ♥ 1 COLHER DE SOPA BEM CHEIA DE CONCENTRADO DE TOMATE DESFEITO EM ½ LITRO DE ÁGUA ♥ 1 RAMO DE SALSA, COENTROS E HORTELÃ ♥ 1 COLHER DE SOPA DE CARAMELO ♥ 3 PIRI-PIRIS OU "PIMENTOS DEDO-DE-MOÇA" ♥ 1 COLHER DE SOPA DE MOLHO SHOYU ♥ 10 ML DE AZEITE

› Preparo:

1. Pique as cebolas e o alho em fatias finas. Reserve.

2. Corte o cordeiro em bocados de tamanho médio (mais ou menos 5 cm) e aloure-os na banha.

3. Forre o fundo do tacho com cebola e alho, cubra com cordeiro salpicado com sal e louro e vá fazendo camadas.

4. Junte o restante dos ingredientes.

5. Tape o tacho e leve ao lume brando, agitando de vez em quando por 10 minutos ou até que comece a ferver.

6. Quando começar a ferver, mexa com uma colher de pau e corrija o sal. Deixe ao lume até a carne ficar tenra. É sempre melhor fazer de véspera.

7. Como acompanhamento, prefira batatas pequenas ou cortadas em quartos, ligeiramente cozidas e depois fritas ou coradas ao forno.

8. Corte fatias fininhas de pão saloio ou rústico para pôr no fundo do prato antes de servir.

* Para quem não sabe, borrego é o cordeiro de até 1 ano.

< Uma casa com história portuguesa com certeza >

Bacalhau que não tem nome
por Isabel Noronha

RENDIMENTO: SERVE 6 PESSOAS

3 CEBOLAS PICADAS MUITO FINAS ♥ 4 DENTES DE ALHO PICADOS FINOS + 3 PARA PASSAR OS ESPI-NAFRES ♥ AZEITE (O QUANTO BASTAR) ♥ 4 FOLHAS DE LOURO ♥ 3 CENOURAS GRANDES, RALADAS CRUAS ♥ 800 G DE BACALHAU (JÁ DEMOLHADO) LASCADO ♥ 200 G DE BATATA PALHA ♥ SAL E PI-MENTA A GOSTO ♥ 400 G DE ESPINAFRES FRESCOS REFOGADOS COM OS 3 DENTES DE ALHO E AZEITE (O QUANTO BASTAR) ♥ 400 ML DE MOLHO BECHAMEL TEMPERADO COM NOZ-MOSCADA ♥ 100 G DE QUEIJO RALADO

> Preparo:

1. Refogue a cebola e o alho no azeite com o louro até dourarem.

2. Junte a cenoura ralada para amolecer ligeiramente.

3. Adicione o bacalhau e verifique se é preciso colocar mais sal. Deixe cozinhar um pouco.

4. Junte a batata palha.

5. Corrija o sal e a pimenta.

6. Em uma assadeira, coloque uma camada da mistura de bacalhau, depois uma camada de espinafres e, por fim, o restante da mistura de bacalhau.

7. Regue com o molho bechamel e cubra com queijo ralado.

8. Leve ao forno para gratinar.

O simples é o mais chique que há

‹ Saboreando Lisboa ›

"O valor das coisas não está no tempo que duram, mas na intensidade que acontecem. Por isso existem momentos inesquecíveis, coisas inexplicáveis e pessoas incomparáveis."

Fernando Pessoa

Em 2012 voltei a Lisboa depois de 12 anos sem colocar os pés aqui. Fui conduzida por Ivan e Carol, amigos queridos, a uma garrafeira no Bairro Alto, onde conheci o Pedrão, pessoa rara. Àquela altura, os vinhos e as amarguinhas que ele trazia à nossa mesa funcionaram como antídoto alopático para alguém que buscava se refazer de adversidades.

Pedrão é dessas pessoas de outro mundo, que não se esbarra a qualquer esquina, das mais especiais que conheci na vida. Não por acaso, Pedrão é Cavalheiro do Vinho do Porto, e por causa disso, todas as minhas idas subsequentes a Lisboa começavam com uns copos no Pedrão. Essa chegada fazia com que a cidade se aproximasse de qualquer quintal, bairro ou província onde se é bem tratado. Pedrão já era vastamente conhecido pelos brasileiros frequentadores, e aquela rua no Bairro Alto, por conta disso, havia virado uma espécie de Baixo Gávea, que uns chamavam até de escritório ou livraria.

Apesar de sempre me encantar com a gentileza e o cavalheirismo do Pedrão, a tal garrafeira tinha outro feitiço — um tal de um bife de pato que toda vez que me serviam eu fazia o sinal da cruz em agradecimento. Foi aí que eu descobri que o Pedrão, tão discreto, era casado com uma moça sorridente e tímida, com os olhos cor de mel. Vitalina tira das panelas algumas das melhores delícias que eu já comi em Lisboa. Tendo morado anos em Bordeaux, trabalhava na equipe de limpeza de um restaurante renomado. Um dia o subchefe não pôde cozinhar, e escalaram Vitalina. Observadora que era, reproduziu com suas mãos de fada os melhores pontos das carnes, e, a partir daquele dia, o chef decidiu que Vitalina não sairia mais da cozinha. E é nesse contexto de conto de fadas que Vitalina me contou que, quando está na cozinha, "está sempre a cantar ou a sorrir". Seu sorriso é simples e sincero, e foi difícil convencer essa cozinheira genial de aparecer

< O simples é o mais chique que há >

nas nossas fotos, porque o que ela quer é fazer o melhor com os alimentos que recebe, mas se possível bem longe dos holofotes. Ela me explicou que viveu a vida experimentando tudo que lhe chegava e, como boa cozinheira, a qualidade de tudo que compra e o modo de preparo são os segredos dos seus pratos. Tanto assim que suas receitas acessíveis foram ganhando fama, e hoje fornecedores de todo o país a procuram para oferecer os melhores produtos do mercado.

Pedrão e Vitalina são hoje donos do charmosíssimo Terroso, um restaurante com vinhos especialíssimos, com mesas para poucos e bons em Cascais. Na varanda, os mais sortudos bem posicionados podem desfrutar do carinho e da generosidade desse casal-fora-do-comum embaixo de um abacateiro. Foi lá que carinhosamente Vitalina e Pedrão me passaram essa receita do bife de pato com batatas sautée que Vitalina criou em Bordeaux. Me passaram também a receita do delicioso bacalhau com coentros e batatas ao murro. Assim como a personalidade dos dois, as receitas são o que se vê: honestas, simples e sem enigmas, em que o grande trunfo são o cuidado com os detalhes, a percepção da importância do tempo para a execução perfeita das coisas e o olhar amoroso de quem está ali para fazer o melhor e conquistar amigos sem jamais ostentar.

< O simples é o mais chique que há >

Bife de pato com batatas sautée
por Vitalina Marques

RENDIMENTO: SERVE 2 PESSOAS

>> **Para o bife de pato:** 1 PEITO DE PATO DE APROXIMADAMENTE 500 G ♥ 1 COLHER DE CHÁ DE SAL ♥ 1 PITADA DE PIMENTAS VARIADAS MOÍDAS (VERMELHAS, VERDES, PRETAS E BRANCAS) ♥ 1 COLHER DE CHÁ DE ALHO PICADO BEM FININHO ♥ 1 PITADA DE SAL ROSA MOÍDO NA HORA (PARA SALPICAR SOBRE OS BIFES DE PEITO DE PATO)

> Preparo:

1. Faça talhos na gordura do pato e, subsequentemente, faça talhos no outro lado (onde há a carne e não há gordura).

2. Tempere o pato com o sal, as pimentas variadas e o alho.

3. Coloque o peito de pato em uma grelha (aberta, vazada) com a gordura virada para baixo, a fogo baixo.

4. Deixe o fogo ir derretendo a gordura e, quando quase desaparecer ou ficar quase que só uma bordinha (depois de 12 a 15 minutos aproximadamente), vire o peito do pato para dourar o outro lado.

>> **Para as batatas sautée:** 2 BATATAS MÉDIAS ♥ AZEITE PARA FRITAR ♥ 1 COLHER DE CAFÉ DE ALHO PICADO BEM FININHO ♥ 1 COLHER DE SOPA DE SALSA PICADA BEM FININHA ♥ SAL A GOSTO ♥ 2 COLHERES DE MANTEIGA DOS AÇORES DERRETIDAS (NO BRASIL SERIA O CASO DE USARMOS MANTEIGA DE BOA QUALIDADE)

> Preparo:

1. Corte as batatas em quartos e depois fatie-as finas.

2. Frite as batatas em azeite bem quente.

3. Depois de fritas, salpique o alho, a salsa, o sal e jogue as colheres de manteiga derretida.

< O simples é o mais chique que há >

Bacalhau com coentros e batatas ao murro
por Vitalina Marques

RENDIMENTO: SERVE 4 PESSOAS

4 LOMBOS DE BACALHAU SALGADO ♥ AZEITE ♥ 3 ALHOS CRUS PICADOS MUITO FINOS ♥ COENTROS PICADOS ♥ 400 G DE BATATA INGLESA ♥ SAL ♥ 1 BRÓCOLIS LAVADO E SEPARADO EM RAMOS ♥ 1 PIMENTÃO VERMELHO CORTADO EM TIRAS GROSSAS ♥ 3 OVOS COZIDOS ♥ AZEITONAS PRETAS A GOSTO

> Preparo:

1. Retire apenas as aparas do bacalhau para obter um lombo alto.

2. Lave os lombos para retirar o sal em quantidade e coloque-os em uma vasilha com água na geladeira com a pele para cima, trocando a água pelo menos 3 vezes por dia por 1 dia.

3. Grelhe o bacalhau com azeite em uma frigideira bem quente com chama forte.

4. Faça uma marinada com azeite, alho e coentros e leve rapidamente ao fogo para esquentar.

5. Coloque as batatas no forno com sal e azeite e deixe-as cozinhar por 1 hora. Retire-as, dê-lhes um "murro" com o punho ou amasse-as com o dorso de uma colher.

6. Refogue o brócolis no azeite e grelhe o pimentão também no azeite.

7. Monte o prato com o bacalhau, jogue a marinada por cima dele e disponha os ovos, o brócolis, as tiras de pimentão e as azeitonas.

‹ Saboreando Lisboa ›

"O homem que chegou aos quarenta anos sorriu, e aquele sorriso já não era o mesmo do dia anterior. Já não era como nenhum outro do passado. Era o dobro de um sorriso."

Valter Hugo Mãe

Sesimbra. Sempre ouvi dizer que o Rio tem as praias mais lindas do mundo. De fato são lindas, e a praia da minha vida fica no Rio. Em Portugal, já havia me deslumbrado com Portinho da Arrábida e Albufeira ali perto. Mas Ribeiro do Cavalo entrou nesse páreo de praia preferida com força. Ali descobri um segredo português a ser revelado apenas para os que aceitam desbravar as trilhas de uma natureza exuberante que grita. Desci arrepiada pisando em pedras de uma falésia muito íngreme, mas cujos atalhos favorecem o olfato de quem reverencia os melhores aromas. Arbustos de alecrim e oliveiras davam um frescor aos galhos secos, brancos e lindos, e de algum lugar vinha um cheiro de própolis.

A natureza é lógica e justa e portanto o cheiro de própolis se explicava pelas diversas abelhas que cruzavam o nosso caminho, mas que, como tudo ali, não se contrapunham, se confrontavam ou nos intimidavam: simplesmente trabalhavam, e o cheiro se espalhava. Alguns bons minutos de descida depois, o cenário côncavo fantástico se impunha a uns cem metros dos nossos olhos, e o deslumbramento foi suficiente para enchê-los d'água. Nunca antes algum azul do mar entre pedras tão perfeitamente lapidadas havia conseguido me paralisar por tantos segundos. Pode ter sido pela liberdade de uma fase da vida em que eu me descobri podendo tudo, e chegar àquele lugar foi importante. Pode ser. Mas foi mais ainda pela vontade de ficar e me tornar tão selvagem quanto aquilo. Naquele ponto do mundo eu tive vontade de abrir asas e voar.

Acho improvável que eu tenha andado por ali em uma vida pregressa, porque a sensação daquela praia era totalmente nova. Mas algo me fez sonhar com coisas primitivas que incluíssem uma fogueira depois do pôr do sol. Desnecessário ir muito longe percorrendo as sensações desse paraíso para chegar à parte em que a fogueira ganhou uma bela posta de

‹ fogueira ›

robalo ao alecrim com molho de laranja, mel e gengibre.
Passei dias pensando em como brasear essa posta e defumar
a escama para guardar para sempre, na fogueira que eu
inventei, as pedras, os aromas, a luz, o sal e a emoção que
me encantaram.

Entenda a receita a seguir, então, como uma tentativa,
provavelmente em vão, de eternizar e propagar o feitiço
daquele dia em Sesimbra.

< fogueira >

Robalo braseado ao alecrim com molho de laranja, mel e gengibre

RENDIMENTO: 2 PORÇÕES

SUCO DE 2 LARANJAS ♥ 1 COLHER DE SOPA DE MEL ♥ 1 COLHER DE CHÁ DE MOSTARDA ♥ 1 COLHER DE CHÁ DE GENGIBRE RALADO ♥ 1 COLHER DE SOPA DE VINAGRE DE VINHO BRANCO ♥ 1 PITADA DA PARTE "AMARELA" DA CASCA DE LARANJA RALADA ♥ 1 COLHER DE SOPA DE MANTEIGA ♥ 3 OU 4 RAMOS DE ALECRIM SECOS ♥ 500 G DE FILÉ DE ROBALO (TEMPERADO APENAS COM FLOR DE SAL E PIMENTA-DO-REINO)

> Preparo:

1. Em uma panela pequena, coloque o suco coado das duas laranjas no fogo com o mel, a mostarda, o gengibre ralado, o vinagre de vinho branco e as raspas de laranja. Deixe ferver um pouco para diminuir a acidez e adicione a manteiga. Deixe o molho ferver novamente e coe-o com o auxílio de uma peneira. Reserve.

2. Use uma frigideira de grelha para brasear os filés, colocando os ramos de alecrim na parte inferior. Quando a grelha estiver bem quente e o alecrim quase queimando, disponha sobre ela os filés de robalo para que sejam defumados com o aroma do alecrim.

De avental

< Saboreando Lisboa >

"Para ser grande, sê inteiro: nada
Teu exagera ou exclui.
Sê todo em cada coisa. Põe quanto és
No mínimo que fazes.
Assim em cada lago a lua toda
Brilha, porque alta vive."

Fernando Pessoa

Vai. Corre. Você tem exatamente 45 minutos. Capricha na
casa, mas não muito, porque naturalidade é importante.
O que você quer é aquela casa com cara de que tem gente
que mora dentro. Nada de incenso; isso não pode ter nada
a ver com magia ou algo que sugira uma emboscada. Sprays
e pronto. No máximo, sabonetes elegantérrimos comprados
na loja A Vida Portuguesa e jogos americanos alegres.
Não se esqueça de que humor e vinho tinto são os maiores
afrodisíacos que existem. Passe carregando vestígios
dos outros dias com uma mão e, com a outra, haveres
seus que, para que essa coisa tenha futuro, não é bom
que você ostente. Suspeito de que ninguém gosta tanto
assim de mulher cabeçuda, então sugiro que você guarde
isso para si. Se conseguir, relaxa um pouco para afastar
a intensidade, profundidade ou hipersensibilidade.
O desafio agora é você ser o mais zen possível, e a
cozinha vai te ajudar. Cada vez que você se perceber
indo em uma daquelas três direções, pegue o fouet e
mexa a panela, verifique a temperatura do forno ou
simplesmente cante alto.

É fundamental que você deixe os últimos 20 minutos para,
pelo menos, adiantar alguma coisa na cozinha, porque as
receitas de amiga que seguem aqui são fáceis, mas não
são mágicas e, por mais que eu tente descomplicar as
coisas, alguma mão você vai ter de colocar na massa.
Ah, e pelo amor de Deus, nada de ficar dizendo que não
entende nada de cozinha, que não sabe nem fritar um ovo
etc. Isso nunca foi chique. Tome as rédeas da situação
como se sua produção gastronômica diária fosse quase em

‹ De avental ›

escala industrial. Lembre-se de que 80% do sucesso das coisas está na segurança com que a gente as conduz.

Se a vida passar como um filme na sua cabeça quando você estiver linda e plena de avental e já na cozinha, é porque a sua situação não está fácil e provavelmente você é a parte mais interessada desta história. Abra o vinho então, mas só se permita tomar uma taça para evitar o desastre maior. Bêbada jamais! Se nem isso acalmar você, recorde-se daquele romance dos seus 18 anos que fez você ter certeza de que iria morrer e não morreu. Aliás, muito provavelmente você reencontrou o gajo alguns anos depois e ele estava um horror, acertei? Às vezes só a própria experiência salva. Então, amiga querida... ainda que de avental, suba no salto e coloque amor nessas panelas. A vida é surpreendente, e, apesar de eu nem saber se alguma dessas coisas que eu estou dizendo dará certo, o que vale é a impetuosidade e a verdade com que o nosso desejo nos permite viver. A magia de imaginar você aí, ouvindo a sua melhor *playlist*, de avental, instintivamente caracterizando a camponesa que vive dentro de cada uma de nós, já é inspiração pura.

< De avental >

Arroz de tomate

RENDIMENTO: 4 PORÇÕES

1 CEBOLA PICADA BEM FININHA ♥ 1 DENTE DE ALHO ♥ 2 COLHERES DE SOPA DE AZEITE ♥ 250 G DE TOMATE PICADO, SEM PELE E SEM SEMENTE ♥ 1 FOLHA DE LOURO ♥ 250 G DE ARROZ DE GRÃO MÉDIO (EM PORTUGAL SE USA O ARROZ CAROLINO) ♥ SAL E PIMENTA-DO-REINO A GOSTO

> Preparo:

1. Doure a cebola e o alho no azeite e junte o tomate e o louro. Adicione o arroz lavado e escorrido e deixe refogar por uns 2 minutos.

2. Adicione água que cubra um dedo e meio a altura dos ingredientes na panela.

3. Coloque sal e pimenta-do-reino e tampe a panela. Deixe cozinhar por 15 a 20 minutos em fogo baixo.

4. Sirva como acompanhamento de uma posta de peixe grelhada e salpicada com coentro ou salsinha.

‹ De avental ›

Tarte de natas com frutas silvestres

RENDIMENTO: SERVE 6 PORÇÕES FARTAS

» **Para a massa:** 200 G DE FARINHA DE TRIGO ♥ 100 G DE MANTEIGA ♥ 50 G DE AÇÚCAR

» **Para o recheio:** 75 G DE AÇÚCAR ♥ 400 G DE MASCARPONE OU NATA (SE ENCONTRAR)* ♥ 300 G DE FRUTAS VERMELHAS

› Preparo:

1. Coloque todos os ingredientes para a massa podre em uma tigela misturando-os com as mãos até que obtenha homogeneidade com liga.

2. Forre o fundo e a lateral de fôrmas individuais com fundos removíveis com a massa e coloque no forno a fogo médio para assar por 7 minutos. Retire as fôrmas do fogo e deixe-as esfriarem.

3. Faça o recheio misturando o mascarpone e o açúcar com a ajuda de um fouet (se usar a batedeira, o mascarpone talhará) e recheie cada uma das fôrmas.

4. Coloque as frutas vermelhas como desejar, por cima de cada tortinha.

* A consistência das natas portuguesas é mais similar ao mascarpone que o creme de leite encontrado no Brasil.

Os brutos também amam

‹ Saboreando Lisboa ›

"Atrás da poesia do amor vem a prosa do casamento."

Camilo Castelo Branco

Entre as formas de confortar a nossa alma, os alimentos, por seus aromas, texturas e sabores, continuam sendo fontes mágicas de matar a saudade. Nas minhas andanças por Lisboa, um amigo nunca deixou de me levar ao Farta Brutos, onde os vinhos e os acepipes me traziam uma alegria quase infantil. Normalmente, o Oliveira, amigo do meu amigo, nos atendia diretamente. Da última vez, estive lá com o meu amigo e cinco amigos dele. Ao meu lado, havia uma cadeira vazia e um copo de vinho à mesa. Era o copo do Oliveira, que havia feito a passagem, mas que era lembrado com um brinde a cada garrafa que abriam e degustavam alternando travessas de pataniscas e de peixinhos da horta.

Sempre tive atração inexplicável por conversas masculinas. Então fiquei ali, naquele paraíso só comparável à rodinha dos zagueiros do Porto no vestiário, me fazendo de boba, tentando não ser o centro das atenções por ser a única mulher. Olhava para os lados opostos dos que falavam, alternava caras de fada com suspiros desinteressados, para que tivessem certeza, até pelo problema dos sotaques, que eu não estava compreendendo o que se passava. Mas eu pesquei cada detalhe. E vou contar todos.

Pedro era casado com Maria João, mas toda quinta-feira jogava futebol em algum lugar que, no final das contas, acabava sempre conduzindo-o à casa de Anna. Italiana bem casada com Francesco, Anna dava cursos às mesmas quintas-feiras, e Francesco achava a mulher um gênio. Maria João, a mulher de Pedro, havia, digamos assim, se desinteressado da rotina de casada, então não ligava mesmo muito para o futebol das quintas-feiras. Queria mesmo era ver Pedro bem longe.

Carlota, a mulher de Miguel, era fofa. Fofa e cansada. Já Miguel, que era cândido e doce, sorridente, não cansava nunca, principalmente de mexer no telemóvel. Ele não imaginava que eu estava ligada na risadinha malvada que deu ao se deparar com uma nova mensagem. Com o rabo de

‹ Os brutos também amam ›

olho acompanhei seus passos e vi que entrou no carro de uma rapariga, que não era nem fofa nem cansada. Era bonita e não era Carlota.

O que por último me chamou atenção foi Joaquim. Era gentil e atencioso, enchia o meu copo. Ignorou a presença de seu telemóvel por todo o tempo que esteve lá. Aliás, Joaquim estava lá de verdade, livre e entregue para tomar um copo com os amigos, e saudar o Oliveira, com toda a dignidade que pode existir em uma mesa assim. Ostentava feliz e orgulhoso as fotos dos filhos e da mulher, que também se sentava com as amigas em uma mesa não muito longe dali. Imaginei um Joaquim faceiro chegando em casa depois de tantos copos e, já um pouco embriagado, fazendo graça de si mesmo com a mulher. Pensei nos dois dividindo os encantos das suas vidas individuais juntos, mas mantendo-se soberanos, com a bênção do Oliveira.

< Os brutos também amam >

Pataniscas de bacalhau

RENDIMENTO: SERVE 4 PESSOAS

1 POSTA DE BACALHAU LIMPA ♡ LEITE E LIMÃO PARA MARINAR ♡ 1 COLHER DE SOPA DE FARINHA DE TRIGO ♡ 100 ML DE ÁGUA ♡ 1 OVO ♡ 1 CEBOLA PEQUENA PICADA FININHA ♡ SALSA PICADA FININHA ♡ SAL ♡ PIMENTA-DO-REINO ♡ 1 COLHER DE SOPA DE AZEITE ♡ ÓLEO PARA FRITAR

> Preparo:

1. Coloque o bacalhau de molho de um dia para o outro.

2. Limpe-o tirando a pele e as espinhas e desfaça-o em lascas.

3. Coloque as lascas de bacalhau para marinar por algumas horas no leite e no limão.

4. Em uma tigela, misture a farinha, a água, o ovo, a cebola e a salsa. Acrescente sal, pimenta-do-reino e o azeite. Passe colheradas de bacalhau marinado nesta mistura e frite-as em óleo bem quente. Escorra as pataniscas em papel toalha, e, se necessário, corrija o sal.

< Os brutos também amam >

Peixinhos da horta

RENDIMENTO: SERVE 4 PESSOAS
500 G DE VAGEM ♥ SAL ♥ 200 G FARINHA DE TRIGO ♥ 1 OVO ♥ 1 COLHER DE SOPA DE CEBOLA PICADA FININHA ♥ PIMENTA-DO-REINO

> Preparo:

1. Corte as pontinhas da vagem e retire os fios.

2. Em uma panela com água e sal, cozinhe a vagem por aproximadamente 5 minutos depois que a água ferver. Reserve.

3. Em uma tigela, dissolva a farinha na água. Adicione o ovo, a cebola, o sal e a pimenta. Passe as vagens pela mistura e frite-as em óleo bem quente até dourarem.

4. Escorra os peixinhos da horta em papel absorvente.

No trem de Santarém

‹ Saboreando Lisboa ›

"Às vezes ouço o passar do vento;
e só de ouvir o vento passar,
vale a pena ter nascido."

Fernando Pessoa

Imagens abandonadas a cada instante, e os olhos no que vem depois. Céu azul. O dia seco gritando de lindeza, e eu carregando esse vazio no estômago de saudades das meninas. Um dia após o outro, tanto como cada paisagem, e logo o volume de etapas e coisas concluídas começa a dar um formato para o futuro. Me vejo como os vinhos daquela vinícola linda. De protagonista a gente se torna resiliente por um tempo, em compasso de espera, aceitando os planos que o universo reservou. E em um piscar de olhos nos vemos assim, confrontando esses mesmos planos em um surto de antagonismo que só o livre-
-arbítrio permite.

Três vinhos e três escolhas. A vida tem atalhos, caminhos de volta, viadutos, mata-mulas, túneis e fatalmente muitas pontes que quase desabam. O bom é saber que a gente vai poder sempre voltar para onde partiu e recomeçar. Que a gente possa esquecer as pedras e carregar as flores, ainda que na memória, e de preferência lembrar de seus perfumes. Ando sempre na cabeça com esse bilhete que minha mãe escreveu quando fui morar fora: "Sorria que o mundo vai se abrir para você." Quando olho para as pessoas, vejo a alquimia desse mundo de sorrisos desaguando em romances tórridos, contas bancárias repletas, filhos felizes, corpos e mentes sãs. Vejo bem mais forte a vida de quem enfrenta a vida, contesta, diz: "Ah, não, agora não, nem pensar!"

Vejo enredos diversos e novas razões para escrever livros, criar e irradiar o reflexo de tudo de admirável que tem por aí. Vejo a vida ciclicamente se renovando em um fluxo intenso, em que não adianta querer permanecer apenas no topo: o revezamento é implacável. Risos que viram gargalhadas altas e podem, segundos depois, se transformar em um mar de lágrimas, mas sem nenhuma dúvida nada pode ser pouco, nada pode ser fraco. Mais um

‹ No trem de Santarém ›

processo de produção chegando ao fim, e essa criatura aflita e desobediente já se pergunta o que virá depois. Se a vida for mesmo como a lenda da sopa de pedra que comemos em Almeirim, a gente pode começar de qualquer lugar. Pode até começar de uma receita com uma pedra, e colocar ingredientes deliciosos até transformá-la em iguaria. E eu posso fazer um livro feliz de uma história triste.

Com a pedra da sopa que trouxe na bolsa, deixamos o Ribatejo para já nos acostumarmos com a ideia de deixar Lisboa e seus arredores. Anfitriã de dias mágicos, a Lisboa retrofitada costurou as feridas de alguém que agora perambula por aí, cozinhando coisas melhores, rindo de tudo e de todos, anistiando os desafetos e levando para sempre no coração as melhores pessoas. Aliás, no quesito "amigos" essa encarnação foi abundante e me conferiu um exército deles.

Seria uma ousadia enorme tentar publicar a minha versão da sopa de pedra, típica do Ribatejo, sem a maioria dos enchidos, que precisam ser locais, para se chegar a um sabor tão particular. Então transcrevo a seguir a receita dos cogumelos Portobello que comemos em Almeirim. Encerro, assim, essa etapa reveladora. Dentre tudo que eu precisava para partir para uma vida nova, levei uma coisa. Só a mais importante. Mentira. Estou levando duas: eu e quem quiser se divertir comigo.

‹ No trem de Santarém ›

Cogumelos portobello com alhinhos

RENDIMENTO: 4 PORÇÕES

400 G DE COGUMELOS PORTOBELLO ♥ 5 DENTES DE ALHO FATIADOS ♥ 4 COLHERES DE SOPA DE AZEITE ♥ SAL E PIMENTA-DO-REINO A GOSTO

› Preparo:

1. Limpe os cogumelos com papel-toalha úmido e enxágue-os rapidamente. Corte-os em fatias não muito finas.

2. Em uma frigideira bem quente, refogue as fatias de alho no azeite até dourarem.

3. Acrescente os cogumelos e deixe-os grelhar, tomando cuidado para não cozinhá-los demais, correndo o risco de perder a textura. Coloque o sal e a pimenta-do-reino.

O que aprendi em 10 anos

< Saboreando Lisboa >

"Respiro o vento,
e vivo de perfumes
no murmúrio das folhas de mangueira;
Nas noites de luar aqui descanso
e a lua enche de amor a minha esteira"

Álvares de Azevedo

O enredo deste livro acabou sendo… O que mesmo? Bom, essas divagações aí que você está lendo dessa cozinheira que perambula por Lisboa... Não queiramos ser categóricos. O assunto que me conduziu ao longo do *Saboreando o Rio*, no entanto, foi a minha mudança de vida quando, em 2009, larguei a advocacia para virar cozinheira, dona de bufê ou coisa que o valha. De lá para cá, 10 anos se foram e eu tive de deixar muitas crenças na estrada (com elas foram ficando um pouco da minha caretice e qualquer rastro de insegurança laboral). Não me arrependo de nenhum passo desse caminho, e é incrível reviver uma trajetória calcada no ímpeto, na vontade e, agora, sim, ouso dizer, na coragem.

Talvez por estar neste momento em Lisboa, tão longe dos lares que me recebem semana a semana, mês a mês, ano a ano no Rio de Janeiro, consigo vislumbrar o decurso desse tempo revelador com mais clareza. Começo dizendo, minha gente, que o ser humano é bom. E da gangue de curiosos, simpatizantes e desconfiados que me deram crédito, fiz amigos verdadeiros e leais, reencontrei gente de um passado bem remoto, vibrante e encorajadora, me dando tapinhas nas costas e me fazendo acreditar na minha escolha. Percebi que, como já havia dito Caetano, "de perto ninguém é normal". Nesse contexto de festas, famílias e casas cheias, descobri um mundo de boca a boca, recomendações que funcionam, e-mails e WhatsApp agradecidos de quem muitas vezes não tinha muito para gastar e escolheu apostar no meu cavalo. Encontrei, no entanto, pessoas que trataram bem a mim, e mal aos meus empregados, e aprendi que dessas pessoas eu gosto bem menos. Tenho Libra em Marte, vi que do jeito que

< O que aprendi em 10 anos >

estava não dava, deixei a menina de 20 anos briguenta para trás e rapidamente concedi indulto ostensivo a todos com quem eu poderia implicar — que, com a graça de Deus, tornaram-se clientes. Virei confidente de noivas e, olha, como torci por essas meninas! Eu me dei conta de quantos incômodos havia nesses altares, de como as famílias são diversas e complexas e de como casar é bom.

Rico é chique? Depende. Nem sempre. Sempre tive olhar clínico para pessoas que têm insegurança social e fujo delas. Muitas têm fortunas e continuam sem saber o que fazer com a casa, com os amigos, com a prata, com o dinheiro. Como eu sempre soube o que fazer com cada uma das coisas que tenho, isso me incomoda. Aprendi que voo melhor sozinha, não apenas porque sou mandona, mas porque a doida que habita este corpo tem mania de controle, e o "deixa que eu deixo" é capaz de causar danos irreparáveis. Virei ainda mais fã das mulheres e dos gays e aprendi que é basicamente com esses dois que prefiro trabalhar. Cada coisa em seu lugar, vou criando no meu tempo, me alegrando com as conquistas dos outros, tentando não me influenciar por elas e entendendo que tentar conseguir tudo de uma vez é a melhor maneira de fracassar. Pode parecer ostentação, e é, mas agora vem o melhor: se eu não conhecer alguma coisa posso dizer que não sei, não tenho de saber tudo, simplesmente porque querem e compram o produto que eu vendo. A venda é artesanal e personalíssima, então ninguém mais sênior vai me dizer que o *client credit* é dele. Mas o melhor, melhor mesmo, foi a certeza do que tudo isso me deu: se um dia o carro parar, eu vou a pé porque esse jogo é meu, então posso embaralhar e dar as cartas de novo quantas vezes quiser.

De fato a vida que eu sonhava existia, e é possível que trabalho e vida se encontrem em uma coisa só. Veja você que neste exato minuto estou aqui em uma taberna, tomando a bebida mais deliciosa da viagem, me inspirando e escrevendo esta história.

< O que aprendi em 10 anos >

Espetada de porco com gambas

RENDIMENTO: 6 ESPETADAS

1 PIMENTÃO AMARELO PEQUENO ♥ 500 G DE LOMBO DE PORCO ♥ 1 LINGUIÇA FININHA DEFUMADA ♥ SAL E PIMENTA-DO-REINO A GOSTO ♥ 2 FOLHAS DE LOURO ♥ 12 GAMBAS MÉDIAS ♥ 1 DENTE DE ALHO (PICADO BEM FININHO) ♥ 20 G DE MANTEIGA ♥ 2 COLHERES DE SOPA DE AZEITE ♥ ESPETOS DE MADEIRA ♥ SALSA PICADA BEM FININHA

> Preparo:

1. Corte o pimentão e o lombo de porco em cubos e a linguiça em rodelas.

2. Separe os cubos de porco em um recipiente e tempere-os com sal, pimenta-do-reino e louro.

3. Limpe as gambas deixando apenas o rabinho. Deixe marinar com o alho e o sal em outro recipiente.

4. Em uma frigideira bem quente com a manteiga derretida e o azeite, disponha o pimentão e os cubos de porco e vire de tempos em tempos para grelhar todas as faces.

5. Monte os espetos com os cubos de porcos e pimentão grelhados e as gambas cruas (o ponto das gambas se atinge muito rápido), alternando esses itens em cada espeto.

6. Leve novamente os espetos completos a uma frigideira a fogo bem alto para grelhá-los e finalizar as gambas.

7. Polvilhe a salsa para servir.

Aos meus leitores

‹ Saboreando Lisboa ›

"Enquanto houver rapazes de quarenta anos, é justo que se desculpem leviandades dos velhos de dezesseis."

Camilo Castelo Branco

Se você é homem e chegou até aqui, merece escutar o que tenho para dizer. Não vai aí nenhuma dose de arrogância, mas pelo pouco que andei observando dessa área do comportamento humano nos últimos tempos, vocês vêm cometendo erros graves.

Você nunca deve dizer a quem quer que seja que não leu um livro sequer. Nem sob tortura diga isso a uma mulher. Não preciso ser explícita, porque apesar das confissões, isso aqui continua sendo essencialmente um livro de receitas.

Engano-me quando imagino que você, depois de cozinhar no melhor estilo Rodrigo Hilbert, acaba largando toda a louça suja para um certo alguém lavar? Um equívoco, devo lhe dizer, porque quem cozinha lava. Sempre. Sem exceções.

Presenciei no outro dia uma cena absurda. Havia na minha frente uma garrafa de vinho e na frente dela um homem. A mulher na frente do homem (eu) pegou o abridor, andou, mexeu, balançou o cabelo e parou. O homem não se dignou a abrir o vinho. A sede da mulher era muita, então ela o fez. Ai, ai, ai. Se foi preguiça ou imperícia do homem, eu não sei. Prefiro acreditar na primeira hipótese, porque a ignorância nessa área é imperdoável.

E agora... o mais delicado... e o que sempre me deixa na mira das feministas... Ou pelo menos na mira das minhas filhas — que são feministas: Você acha que homem que segura porta de elevador, abre porta de carro, paga contas indiscriminadamente e carrega sacolas é antiquado? Absolutamente, não! Cortesia com as mulheres não nos torna fracas, vulneráveis ou menores. Nós os achamos maravilhosos e estamos dispostas a facilitar a vida deles. Mesmo. Sob todos os aspectos.

No entanto, do fundo do meu coração, o que eu mais desejo é que se você encontrar um tesouro, não desista porque acha que tem um caminho mais fácil para levá-la à satisfação momentânea. Lembre-se de que as complexas

‹ Aos meus leitores ›

— guardadas as devidas proporções — são as melhores mulheres. Repita-se que, em se tratando de alguém legal, haverá concessões em todos os lugares que causam pânico em você. Tenho visto renúncias por motivos estranhos e sinto pena das relações líquidas que me circundam.

Ensine seus filhos a respeitar a mágica feminina. Que mágica? Ah, você sabe... Mulheres choram, cismam, discutem e intuem. Tudo isso acontece para o bem do mundo.

Então, mesmo que o dia escureça, que a chuva castigue e que o horizonte esteja turvo, continue tratando sua mulher como namorada. Cruzo meus dedos para que ela saiba se desviar da casa, do trabalho e dos filhos para ficar só com você e que mande nudes, faça jantares e regue a plantinha. Às vezes a gente também percebe um desalinho no nosso riacho, não interrompe o desvio e, quando vê, percebe que o nosso riacho afluiu junto a um outro rio. Lembre-se de que o desejo ardente, aquele que racha estruturas e derruba castelos, dura em média seis meses. Não esqueça que quem não sabe o que está procurando, quando encontra, não sabe que encontrou.

Essa receita afrodisíaca é para você, que me escutou até aqui, fazer quando estiver diante da sua joia rara. Mulheres precisam de chocolate. Faz parte da mágica. Pausa para a respiração e inspiração. Capricha!

< Aos meus leitores >

Peras bêbadas com chocolate apimentado

RENDIMENTO: 6 PORÇÕES

SUCO DE ½ LIMÃO ♥ 6 PERAS DESCASCADAS (MANTENDO OS CABINHOS) ♥ 300 ML DE VINHO TINTO (DE BOA QUALIDADE) ♥ 1 CÁLICE DE VINHO DO PORTO ♥ 200 ML DE ÁGUA ♥ RASPAS FINÍSSIMAS DE ½ LIMÃO ♥ 1 XÍCARA DE AÇÚCAR ♥ ½ FAVA DE BAUNILHA ♥ 300 G DE CHOCOLATE MEIO AMARGO ♥ 4 COLHERES DE SOPA DE CREME DE LEITE FRESCO ♥ 2 COLHERES DE SOPA DE MANTEIGA ♥ PIMENTA-DO-REINO FRESCA

> Preparo:

1. Despeje o suco de limão sobre as peras e coloque-as em uma panela média com o vinho tinto, o vinho do Porto, a água, as raspas de limão, o açúcar e a fava de baunilha aberta.

2. Cozinhe por 20 minutos a partir da fervura. Reserve.

3. Derreta o chocolate em banho-maria ou no micro-ondas e acrescente o creme de leite e a manteiga, mexendo até obter uma calda homogênea. Adicione pimenta moída na hora.

4. Coloque as peras em taças com o chocolate por cima e sirva.

Índice de receitas

A

Arroz de pato com paio e
azeitonas verdes ♥ 50
Arroz de tomate ♥ 117

B

Baba de camelo salgada ♥ 59
Bacalhau à Brás ♥ 89
Bacalhau com coentros e batatas
ao murro ♥ 105
Bacalhau que não tem nome ♥ 97
Bife de pato com batatas sautée ♥ 103
Bolo de limão de 8 de novembro ♥ 71

C

Caldo verde ♥ 83
Cogumelos portobello com alhinhos ♥ 133
Cozido à portuguesa ♥ 65

E

Ensopado de borrego (ou de cordeiro) ♥ 95
Espetada de porco com gambas ♥ 139

O

Ovos moles ♥ 43

P

Pataniscas de bacalhau ♥ 125
Peixinhos da horta ♥ 127
Peras bêbadas com chocolate
apimentado ♥ 145
Polvo à lagareiro ♥ 25
Pudim de claras Molotov ♥ 57

R

Robalo braseado ao alecrim com molho
de laranja, mel e gengibre ♥ 111

S

Salada de espinafre com meloa, berinjelas-ovo,
candeal de gelo e molho
de especiarias ♥ 37

T

Tarte de natas com frutas silvestres -♡- 119
Tosta de sardinha fresca com abacate,
manjericão e azeitonas -♡- 31
Toucinho do céu -♡- 77

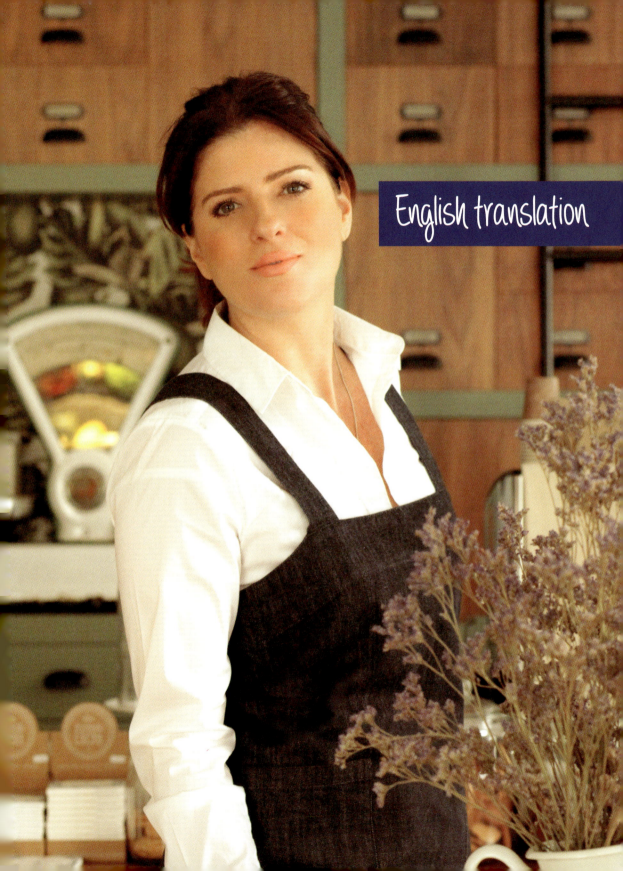

English translation

Contents

Preface ♥ 153

Acknowledgments ♥ 154

Introduction ♥ 157

People under the sun ♥ 161

Praça do Comércio ♥ 165

Thinness ♥ 169

Hills and therapy (in figures of eight) ♥ 173

Take the next tram ♥ 177

Rio-Lisbon ♥ 181

Wind in the window ♥ 185

November 8th ♥ 189

The girl ♥ 193

Witch ♥ 197

Land in sight ♥ 201

A house full of authentic Portuguese history ♥ 205

Nothing is more sophisticated than simplicity ♥ 211

Bonfire ♥ 217

In your apron ♥ 221

Even brutes fall in love ♥ 225

The train from Santarém ♥ 231

What I learned in 10 years ♥ 235

To my readers ♥ 239

Recipes index ♥ 242

Preface

A stroll around Lisbon under the loving and flavorful gaze of a master of the culinary and literary arts, whose ability to combine words and ingredients is without equal. The book you're holding in your hands isn't merely a recipe book, it's much more than that. The recipes are very well served with stories in which Mari Vidal liberally adds the sweetness of a toucinho de céu (almond tart), the Portuguese sense of humor and the kind of poetry inspired only by the esquisite flavour of Lusitanian cuisine.

When my friend Mari, a respected and highly skilled chef (not to mention a fantastic person), asked me to write this Foreword, I agreed without a moment's hesitation. I have a strong connection to Portugal; it was the first foreign country to publish my book. And I have so many dear friends back in the old country that I go there at least once a year to experience the accent, the lifestyle and, especially, the food I miss when I'm away — because if there's any one sentence that defines me it's "I'm hungry" and I can't think of a better place to fix that than on Portuguese soil.

Since I love to eat and happen to be crazy about the cooking of the superwoman that wrote this book (in fact, I've thought about marrying her many times, since my taste buds fell in love with her food — and also with her, with her green eyes and unique laugh — but she didn't give the time of day. She doesn't know what she's missing, but let's move on...), here I am to share my opinion of *Saboreando Lisboa* with you.

I knew that the experience of perusing my friend's writing would be nothing short of delightful. Mari has a special way of looking at life. She's ironic, funny, witty. And so to is her book, jam-packed with stories filled with elements that take us to Lisbon, to the average corner eatery, the average tram that takes you to a bar that serves flawless *pataniscas de bacalhau* (cod fish fritters). It's a book for cooks as well as for non-cooks. It's a book for those who know Lisbon and miss it, glad to be transported back in photos and text and recipes, as well as for the person that's never been and wants to take a trip without stepping out the door.

Saboreando Lisboa is an ode to my favorite city, that is botu mouth-watering and worthy of applause. Ah, it makes me want to travel as well. So, off to Portugal, then?

Thalita Rebouças

Acknowledgements

I'd like to thank the lovely people at Editora Senac Rio: my beloved editor and friend, Dani Paraiso, for being so smart and bold, and for tirelessly working to keep me in the game. Cláudia Amorim, for allowing me to trust my writing and helping me arrive at the best solutions. To Manuela Soares, "owner of the master-file", who has always been so mindful of my recipes. To Vinicius Moura, for the luxury of his contribution to the beautiful and precise design. To Michele Paiva, it was a pleasure and an honor to discuss and exchange ideas with you, let's stay together in this and in future projects!

A heartfelt thank you to Isabel Becker, the author of the lovely images and awe-inspiring photographs that only her unique gaze knows how to find... There's an entire story in here just for you. I love you!

To Clarissa Pombo de Oliveira, who added value to this book with her delightful English translation. I'm glad Senac had the brilliant idea of not asking me to translate the book — I couldn't have done it better... From now on, you'll be the translator of all my books!

To Thalita Rebouças, my dear friend and bestselling author, who brought me much joy with her delightful foreword.

Thanks to Tutto Per La Casa, Marcella Birman, Karine, Jandira and Voira for always being so thoughtful.

To my dear friends Pedrão and Vitalina Marques and the whole gang at Terroso, Isaac Almeida and everyone at Prado and The Lisboans, Quinta do Poial, Paulo Saturnino Cunha and Quinta Pinhal da Torre Vinhos, Isabel Noronha, Miguel Dieckmann, Isabel Buffara, Carol Nobili and Ricardo Costa, Ivan Dias, Maria Julia Guerra and Vitor Penteado, Ariane Carvalho, Luciana Pinto, Raul de Orofino, Bettina D'Archemont, Matheus and Maria (Portuguesa), to Tita Campos and the support of Rio Travel Turismo. Thand you all for nurturing me.

Thanks to Ana Andreazza, Juliana Barros, Bruna Barros and Catarina Grünewald at Fashion+INOVA.

I have to thank the friends who kept me going when exhaustion hit, and especially those who offered their tender loving care during the episode that kickstarted this book: Teresa Hermanny, Mariana Medeiros, Celina Ozório, Ana Cecília Barretto, Denison Caldeiron Erb, Fernanda Lomenzo and Etienne Mayer, Beatrice Mason, Fernanda Fehring, Adriana Westerberg and Renata Gebara, Beatriz Protasio, Cris Menezes, Rachel Chreem and Mariella Marcondez Ferraz (my "Lovely Friends"), Anna Ratto, Roberta Sá, coach Karim Ozon and my bosom buddies from "September in Iguabinha", Cecília Costa, Luciana Ocariz, Nathalie Bardot, Gabriela Lessa, Vivi Magalhães, to my friends from the Jurassic period Sylvia Meirelles and Rosa Rabello, Nanda Lage, Vanessa Vholker and Roberta Senna.

To all the wonderful people at Mari Vidal Bufê: Ingrid Louro, Veronica Oliveira, Veruskha Monteiro and Ceide Poubel Casas. To Maria José Silva, the joy of my house: thank you for being you.

To my mother Glória, my brother Toninho, my sister-in-law Carla: thanks for the eyes filled with joy and pride and for hands that have always been there to support me.

To my girls, Beatriz and Cecília — all that matters.

Introduction

Seven years ago, I arrived at the land of the seven hills in pieces, shattered. On that perfectly bright summer day, the sun that lit up the tables on the sidewalk was not able to put any color into me. I was pure pain, fear and loneliness, in a body that was forcing itself to move on. An absence burned inside, and Lisbon could be even more cruel to someone in that state. Yet Lisbon also managed, hour after hour, to truly breathe air into me, making me forget where I was hurting, allowing me to remember who I was, who I had been almost two decades earlier, when I had visited the city, my soul bursting at the seams with dreams.

Portugal throws the past in our faces all the time, with its architecture, the simplicity of a people that is always fixing, mending, restoring, and it mistreats those who are keen on destroying the past. On the sidewalks that kept repeating the same grand houses, either in muted hues or covered in tiles, retrofitted or not, I began to leave behind pieces of a person that was slowly ceasing to exist. Lisbon's natural light is a definitive and invasive tool against uncertainty. My restlessness became neutralized by the antidote of the wisdom of those who had come before me. The certainty that all shall pass. Thus I trekked up and down the hills and allowed myself to get lost in the alleyways. I listened to fado wishing to get to the bottom of that rock. I'm intense.

Ever since I was a kid, I've had an old soul. The crone living in this middle-aged body sighs upon seeing antique porcelain dishes, low doorways that reveal how much shorter we were in previous centuries, wooden floors that creek, old ladies clad in black, wood-burning stoves, children in uniforms carrying violin cases, trams — the much loved electrical ones — and upon hearing the Portuguese accent with all the habits and customs that managed to remain intact. Speaking of which, as much as I love new beginnings and reconstructions, the vulgarity of substitutions make me tremble, the easy swaps, the obscene forgettings. In Portugal, this is all very loud and clear, and establishes an unconditional love of simplicity, as if that which is simple is truly the most sophisticated state of each thing.

‹ Savoring Lisbon ›

Looking West while standing on the Cabo da Roca, I attributed new meaning to the life being regenerated. Out there, from whence I had come and to where I would return, was the future. I knew that the very spot I was standing was where Europe came to an end. Yet even in the face of such melancholy, it was precisely the beginning of what our ancestors called the New World. It was my new world, where I would bring all of the illusions of the hills that had comforted me and that led me back again to the past that I needed to retrieve.

And hence, among *pastéis de nata* (custard pastries), clams, *farinheiras* (smoked sausages), *grelos* (broccoli rabe) and *amarguinhas* (bitter almond liqueurs), I decided I would pack my suitcase with joy and nothing else. Lisbon gave me gifts: a woman who was a stranger and became a close friend, a man I had met back in Brazil who welcomed me with a warm hug, and a wine cellar, run by a member of the Cavaleiros do Vinho do Porto brotherhood — which not only serves, but also makes you try one of the best wines I've ever had. It became one of my favorite places on Earth to enjoy my happiness.

Years later, I went back there, and a few short years later, I went back again. I always want to return, sooner and more often. Lisbon has become like a dear home, one in which I don't intend to live, but keep the freshness of the breeze every time I arrive. I want to always be able to discover the flavors, the mysteries and the empiricism of this place through which our ancestors passed and which, in all the best ways, is like our grandparents' home.

Anyone can write a book like this one, because it's not about classifying, presenting or guiding anyone or anything. It is, simply, about the moods and reflections that came to me at each stop, whether my soul was dark or light, whether my heart was full or empty. All I wished for was to deliver each one of my sighs in the shape of words and recipes. If, by any chance, you are to sigh as well, my attempts at getting things right will have been worth it.

‹ Introduction ›

Welcome, then, to my Lisbon. Together we will sample every stairstep, glass, ray of sunlight, tile mural and street corner. The Lisbon of the saints, of the light that brightened my soul, of Fernando Pessoa and Miguel de Souza Tavares, of the wharf, of the local taverns, of the past, the present, of those who become immortalized by time and purity, of the fados-vadios, the colors, the joy and the melancholy. Above all, welcome to the Lisbon that wedges into our soul, to be carried with us forever.

‹ People under the sun

Over there, in a beaten up building, the sun on the window, a woman holds a cigarette. I can almost see the ashes floating up with the perfumed mist of freshly-washed clothes under the windowsill, but the woman looks up, distracted. A little higher up and to the side, there's even more sunlight on a pair of loungers. I hear someone say *"Pardon, j'arrive!"* and realize there's a French couple tidying the balcony. Afterwards, the woman picks up a newspaper, puts on a hat and lies down. The man takes his time rolling a cigarette, lights it, inhales, lifts his arms back and stretches.

On the ground below, in the narrow road, a dog breaks the deathly silence with a squirt of urine on a street post. The same silence is disturbed seconds later by a waiter opening two bottles of Água das Pedras at a table that stands againts a tile--covered building. Across from me I can hear the roar of a scooter. The young man is waiting, he looks at his watch, the strong light seems to be bothering him. He puts on his sunglasses, crosses his arms, smokes, and suddenly his face breaks into a smile at the arrival of his young lady. She straps her bag across her shoulders and fits herself smartly behind the man, who speeds up on the scooter and disappears from sight.

The lateness of the hour brings about new voices: women in black coming home from church, children, windows being opened. Hey! More people have arrived at the French couple's home, and they're now setting the table for lunch, just like the girl on the fourth floor. On top, four people will be eating, but below I count around eight. Diagonally across from that, to the left, in a house with three floors, an elegantly dressed older gentleman speaks on his mobile phone while holding a cigar in his right hand. He turns off the phone, lowers himself onto an armchair, sits up straight, and I begin to hear the voice of António Zambujo coming from his house. The music invades the silence, boldly. He opens a bottle of wine. At this point, everyone is drinking in their homes, except for the woman, who's left the window and whose house I cannot see. The restaurants fill up with people, progressively impeding me from hearing the cigar-smoking gentleman's fados. The cigar smell still reaches my nostrils, and the smoke now looks lovely againts the light that comes in through the windows of the house.

Four hours later, I go back to my observatory and find a number of distortions to the harmonious scenarios I had left behind. The cigar-smoking gentleman was sleeping to the sound of his snores, interweaved with Ravel's Bolero, and relegated to the randommess of his playlist. The family on the eigth floor was shouting excitedly whenever Benfica scored a goal, which almost caused the cigar-smoking gentleman to wake up. The French couple was making love frantically, a few times risking the integrity of the dining room table, which looked like it had been full of delicacies. Their guests, a couple, shamelessly watched and continued to drink. A few minutes

< Savoring Lisbon >

later, the scooter returned and, much to my surprise, the young man started to pound on the door, shouting "Matilda, Matilda, forgive me!", with the afternoon sun as his witness. And back in the beaten up building, the woman, who had already put away the laundry, gazed up at the sky, still bright, looking lonely and contemplative. Each time she inhaled her cigarette, she looked up, distracted, and blew the smoke upwards; it mingled with the sickly yellow lights from the street lamps.

I went back to my messy, Sunday home. I turned on the oven, arranged the octopus and the potatoes on the dish. While the octopus was in the oven, I opened a bottle of Papa Figos and contemplated the life around me, which was vast, feverish and lonely, but it was mine.

‹ People under the sun ›

Lagareiro-style octopus

Serves 4

6 cloves of garlic, peeled ♈ 1 kg of medium-sized potatoes ♈ Salt ♈ Black pepper ♈ 100 ml of olive oil ♈ 1.5 kg of octopus ♈ 2 l of water ♈ 4 bay leaves ♈ 1 onion ♈ ½ red pepper, cut into wide strips ♈ ½ yellow pepper, cut into wide strips ♈ 1 bunch of parsley, chopped ♈ 1 bunch de cilantro, chopped

Directions:

1. In an oven-safe dish, place the peeled garlic cloves and the unpeeled potatoes, with salt, black pepper and half of the olive oil. Leave to roast for 40 minutes.

2. While the potatoes are roasting, place the octopus in a pot with water, the bay leaves and onion, cut into quarters. Place on the burner and, when the water begins to boil, leave to cook for another 15 minutes.

3. Remove the octopus from the pot, leave to cool at room temperature and clean it by removing the skin with a vegetable knife. Cut the octopus, separating the tentacles, and rub with olive oil, salt and pepper.

4. Add the octopus, the red and yellow peppers, the chopped parsley and cilantro and the rest of the olive oil to the dish with the potatoes and the garlic. Bake for another 20 minutes.

5. Using the back of tablespoon, squash the potatoes and drizzle more olive oil (however much you desire).

‹ Praça do Comércio

The future, which in spite of my disbelief did indeed arrive, is where I'm writing from right now. From here, I can see that a revolution gave wings to someone who didn't know that she could fly. I've always worshipped the enchantments of the couple's life, especially when said life begins with a party, some cake and a dress and when it results in a thing which I love and respect called family. But it so happens that I've been chatting with the universe and, without meaning to, I asked to go back to being the person I once was, at least a little, it doesn't have to be much, just a sample, so that I can go back to the past for a day, not for eternity, just for a taste, to give my 25 year-old self a little kiss...

But having done that, the universe listened. It demanded, insisted and I agreed. Now, here in Lisbon, I feel like congratulating myself for not pretending I wasn't seeing what was going on and for having grabbed, with some degree of dexterity, the reigns of the situation. And although I protested against the involuntary expurgations here and there, I gave in to the will of the universe. This is what my life has been like since a block, which had become a single unit over time, was hit by lightening and split in two; with the psychological fractioning of things like a mattress, a sink, some plans, some problems. Of course, the block had also become a cohesive unit with the arrival of other homo sapiens in the home, in which the couple amassed objects, experiences, Christmases, New Year's celebrations, World Cups, rainy days and so on and so forth. But the universe is wise and moves in precise ways. And for each of the parts to become whole once again, to detangle the confusing mass created by time, the block needed to be divided into two distinct parts once again.

And so it was done and, for almost forty days, I cried a river. A short bereavement. I cried all that needed to be cried until I was overcome by a sense of freedom that I no longer remember existed. The amount of time a person spends mourning is the time it takes for them to (re)act, turn the tables and realize that, in order to be whole, ungluing yourself from the block isn't enough: you have to work on restoring your side of the block. "You have to allow yourself to mourn!" people would say. But mourn what? I was already a step ahead... If my Scorpio's tale was quick to regenerate, it was the Acquarius rising that made me into a moving train, taking me swiftly into the future. Yes, the one from which I am writing, sitting in the afternoon sun on a city square, Praça do Comércio, with a glass of white wine. It's nice here, and we can desire other things.

We can desire freedom, stories with new plots, our very own money (and the lack of it, as well), trips with uncertain destinations, new lingerie, new men, entire days with only ourselves for company, in which we can go on whatever fast or diet or shopping spree we want. Here we can also make decisions on our own and, I'll be honest, that part isn't easy at times. But – to use words I learned the other day, much favored by young people – making decisions on our own is "empowering" and allows us to "ressignify" our paths. Even trivial things start to look different, because we learn how to carry our load uphill by ourselves. Besides, I was lucky enough not to need to do that, since the help of strong, load-bearing arms always appeared. We learn that we can now paint the walls whatever color we want, no questions asked, or strip off the doors of the cabinets, organize our clothes by color, taking up a larger chunk of space, which is all ours. We come to realize what my bossy nature had already told me: "Do it yourself, don't wait, get it done!" From one done thing to the next, we look around and see everything the way we like it, as it always should have been, because we can. We realize that life has changed and that, with each passing day, we regain a little part of us that we had lost. An enchanting part, without a doubt.

Portuguese cuisine is extremely rich, but creative people must be warned against the urge to invent. As an outsider, I am always careful to create my own recipes without disrespecting tradition. I came up with the following recipe from the delicious colors of my new life, and I allowed myself to be a bit bold, to lighten up and explore new flavors.

‹ Praça do Comércio ›

Fresh sardines with avocadoes, sweet basil and olives on toast

Serves 3

Butter to spread on the slices of bread and toast them ♥ 6 slices of Mafra bread (in Brazil, I suggest using slices of a rustic loaf, preferably one that is harder, crustier and more airy than most industrialized breads) ♥ Olive oil to grill the sardines ♥ 3 fresh sardines (halved, deboned) ♥ 1 tablespoon of mustard ♥ 1 tomato, sliced ♥ ¼ avocado ♥ ½ small red onion, sliced ♥ 6 black olives (halved, with stones removed) ♥ Sweet basil leaves

Directions:

1. Spread butter on the slices of bread and toast them in a toaster or grill. Set aside.

2. In a very hot frying pan with olive oil, grill the sardines on both sides, turning them only once, being careful not to overcook. They should be seared, that's it.

3. In each slice of bread, place the mostard and tomato slice under the sardines. Add the avocado, the red onion slices, olives, sweet basil leaves. Top off with an extra slice to close the sandwich.

‹ Thinness

Let us get to the unavoidable issue when one circulates, even if merely in one's imagination, through Lisbon: let's talk about weight, that disturbing and uncomfortable nuissance for the vast majority of women. Yet this nuissance insists on afflicting even the women who cook. If the world were fair, cooks would gain fifty percent less weight than non-cooks.

Up until my mid-twenties, I was quite thin. Sometimes I become thin, according to the varying laws of thinness not established by me. But, in general, my weight fluctuates.

I have a natural prejudice towards women who say that they forget to eat lunch – hence, I ignore them – and I have a real problem with another class of women: the ones that say they have a hard time gaining weight. They're dangerous, people! But I feel the human race, although it was never worth much to begin with, goes back a step in evolution each time someone says they don't like dessert. It's akin to killing a fairy. I only become really thin when I'm struck by an earth-shattering passion, and even then it'll only last a fortnight, which is the longest it takes for my self-esteem meter to return from the repair shop, uncharged or bugged. When it comes back, it brings happiness with it, and happiness is made of *ovos moles* (a typical egg yolk dessert), *pastéis de nata* (custard pastries), *travesseiros da Periquita* (another egg-based pastry), *queijo da serra* (soft cheese, made with sheep's milk), kid meat, pork tenderloin, rice with tomatoes, many batatas ao murro (smashed, buttery potatoes), all the wine in the world, all the Port wine in the world and all of the pata-negras in the world, all of it wrapped in a cloud of spices and seasonings, a lot of sugar and good quality butter. Oh, and because it's a matter of merit, happiness is also made out of bread, but only the French variety makes it into my cloud.

I was once under the impression that I would eat only protein in Lisbon and, therefore, I'd return to Brazil weighing the same as when I'd left. Boy was I wrong. The air in Lisbon is fattening. It's fattening because it smells of everything (see items in cloud). Yesterday my appetite was larger than usual and, on Calçada do Combro, across from a pastry shop, I heard the voice of my eldest daughter: "Go for it, mom!" I missed my daughters so much, I went for it and, I believe, I'm now paying my dues. Today, however, I decided to come to the Organic Market on Príncipe Real. Among the things that are hard to find in Lisbon are interesting salad combinations. In this regard, traditional Portuguese cuisine is lacking, because all one normally finds are lettuce, tomatoes, onions and, with luck, some carrots. It's something that is quite mind-boggling once you visit a produce market in the city, since there's so much diversity when it comes to ingredients. I bought lovely bunches of spinach, a super sweet and juicy cantaloupe, *berinjela-ovo* (white eggplant) – the most beautiful expression of nature – and some very tasty white radishes, which I

< Savoring Lisbon >

had never seen in Brazil. The seller at the Quinta do Poial stall told me they were called Candeal de Gelo. With all of these ingredients, I invented the dish below and learned that one can indeed become thin on lovely salads in Lisbon. All you have to do is let your imagination run wild and bring together foods from Portugal's generous mother nature.

< Thinness >

Spinach, cantaloupe, white eggplant and radish salad with a spicy dressing

Serves 4

1 white eggplant, in paper thin slices (can be substituted by regular eggplant or zucchini) ♈ Olive oil ♈ Cantaloupe, sliced thinly using a mandolin ♈ 1 bunch of spinach, washed and dried ♈ 1 piece of candeal de gelo or 2 radishes, cut into thin slices ♈ 1 tablespoon of almonds, browned in butter ♈ Salt, black pepper, ground ginger, nutmeg and turmeric

Directions:

1. Grill the eggplant slices in a very hot frying pan with a drizzle of olive oil.

2. Arrange the salad by alternating layers of cantaloupe, eggplant, spinach and radishes.

3. Place the almonds on top.

4. Make the dressing with olive oil, salt, black pepper, ground ginger, nutmeg and turmeric, in the proportion you desire.

‹ Hills and therapy (in figures of eight)

She made her way slowly down Príncipe Real towards the Praça das Flores square, feeling the queasiness burning inside. Neither hot nor cold, neither full nor empty, it was an intermittent discomfort that alternated with a painless vaccum within. She looked at her cell phone, or *telemóvel*, as you will, and checked the time of the most recent access. She imagined all sorts of scenarios. It was already late, so the day was practically lost and the night as well. She recreated facts, analyzed things, and felt like pinching herself when she realized she'd been impulsive. Working was impossible right now. Well, not impossible, but, for the good of mankind, out of the question. Corny texts and boring speeches, intense and Shakespearian characters, capable of any act of insanity. The stuff of a person whose mind is being played with by a man – yes, a man, an average one, any man, in fact. Because if you're a woman, you are capable of anything, even of falling in love with someone make-believe.

If, in the first five lines, you were able to figure out the plot of this little piece, which started off a little pretensiously, slipped into cliché and hit you with reality, then pray! Pray to go back to your placid life, the good kind, in which you eat when you're hungry, find peace and quiet when you need to work, only read a paragraph once before understanding it and have no need for medication or the like in order to fall asleep. Pray for the razor-sharp image, seered into your little head, of him – the man – to disappear, bringing back some peace, and giving you the chance to go back to living your life, you know, as a person, not as an editor of erotic memories – which are certainly the most recurring ones.

Everything was going well in that okay marriage, until that whirlwind of emotions laid siege to her controlled existence, and his presence, the man's – okay, sometime's it was more like his absence, it's true – began filling her with spasms, for lack of a better word that's decent enough to be published in a book of recipes. But that's life, there's no use trying to convert it into something it's not, because life won't say "pardon me" whenever it plans to destroy your plans or even help it along. And whomever she is – the girl in the first paragraph – she will have to keep on going up and down the hills of Bairro Alto until it subsides. Technology is constantly reinventing itself, smacking us on the head with our own obsoleteness. With or without letters, post offices, phones, telemóveis or instant messages, our stomachs will feel the painful absence of the person who should have sent a letter to fill your mailbox, or simply made the word "typing" appear on your screen, underneath his name, whenever he's online. WhatsApp users, in times of disappearances, will understand.

< Savoring Lisbon >

Though life goes on, as it does, in jolts and thrills – as in the verses of Florbela Espanca "You aren't even my reason for living, because you are already my whole life" – one still has to fool it. One has to cook things to reestablish sweetness and purity. I found out that *ovos moles* (a sweet egg yolk dessert) is made by drawing successive figures of eight in a saucepan using a whisk. Food science is wise and brings peace to hearts in turmoil. Bring on the therapeutic *ovos moles*, then!

< Hills and therapy (in figures of eight) >

Ovos moles

Serves 15

750 g of sugar ♥ 2 cups of water ♥ 30 egg yolks

Directions:

1. In a medium saucepan, bring the sugar and water to a boil. Allow to boil for 3 minutes, or until you get to the thread stage of the sugar syrup.

2. At low heat, add the egg yolks, mixing them with a whisk in figures of eight, until the sauce thickens.

3. To serve, put the ovos moles in a serving dish, in individual glasses or ramekins, and dust with cinnamon.

‹ Take the next tram

Don't try to decipher me. Go to the starting line. In the very beginning, I thought to myself: I'm going to fill you with love. I soon saw your empty, wounded soul and, faced with the algorithm of you, I suspected that many women had done precisely the opposite. I wanted to cook for you every day, lay the table out on the balcony and scare away the sad silence you had brought with you from the hollow places you'd been – don't ask me why. Women get these fixed ideas, and I'm no different. I imagined those dry places, no cake baking in the oven, no freshly-brewed coffee, no candlelit rooms. Neat and clean homes, but without wine stains to proove that someone had had a blast there. I wanted to put, in pots and pans, the vital alchemy that keeps my spirit alive in order to bring yours back to life. I suppose you can't understand that true luxury is unattainable to the person that doesn't burst into song in the middle of the house. But between my boisterous laughter and your gifts, it was fate's will that, along with what little we had, another person would come along. I could have insisted, but it was supposed to be a great love. If only it had been.

I appreciate when things are light, but against all warning, I still prefer drama and adrenaline, even though I resist fractures and harm. We are collections of scribbled maps, saints and lucky charms kept in drawers, return tickets and missed flights. But we are also a soundtrack with songs about romantic conquests and dates. We are also the untamed survivors of our own holes and craters, marked by the past but also, certainly, with some future destination. But the best way of understanding me is looking forward, because I am not lost. I wasn't going to be able to fill you with love if you weren't willing to move forward. Yes, forward, the direction in which you were not capable of going.

I moved ahead, making my way through the Rua das Pedres Negras. In the beautiful deli Prado, I bought the olives, cheese, bread and sardines that we ended up not eating. I saw the arrow pointing to the street that would lead me to you, but, unhappily, I chose to move away from my own desire. I knew that the direction to take was, simply, another route, one that would lead me to the future, where you would not be.

The future began at 19h40, just as the day was coming to an end, looking at the sun setting on the Tagus. I opened the jar of green olives and removed the pits, one by one, to prepare the first dish of a new cycle that was about to begin. And, without a single doubt, there would be many good things ahead. And so there were.

< Savoring Lisbon >

< Take the next tram >

Duck rice with paio (sausage) and green olives

Serves 10

2 kg of duck meat (drumsticks and thighs) ♈ 2 l of water, to boil the duck and discard ♈ Olive oil for sauteeing ♈ 2 large onions, quartered ♈ 2 tomatoes, halved ♈ 1 sprig of parsley ♈ 5 bay leaves ♈ 1 sprig of thyme ♈ 1 sprig of rosemary ♈ 5 garlic cloves, whole ♈ 500 ml of white wine ♈ 3 l of water (to make the confit) ♈ 5 cloves of garlic, minced (for sauteeing the rice) ♈ 4 cups of parboiled rice ♈ 300 g of paio sausage, sliced and cut in quarters ♈ 200 g of green olives, pitted (whole)

Directions:

1. Place the cuts of duck meat in a large pot with 2 liters of water. Bring to a boil and, after it boils, leave to simmer for 20 minutes. Throw the water out to discard the schmaltz.

2. In a large pot, sauté the onions, tomato, parsley, bay leaves, thyme, rosemary and whole garlic cloves in olive oil.

3. After 8 minutes, add the white wine and bring to a boil, simmering for about 10 minutes.

4. Add 3 liters of water, the thighs and drumsticks and cook for approximately 2 hours or until the meat comes off the bones.

5. Remove the meat from the bones, discarding the bones and cartilage. Set aside the meat.

6. Using a colander or sieve, separate the stock from the pan, discarding the solids. You should have a homogenous stock.

7. In a large pot, sauté the minced garlic in a little bit of olive oil. Add the rice, the duck stock and bring to a boil, adding more water if needed.

8. When the rice is almost cooked, add the duck meat, the paio sausage and the pitted green olives.

9. Serve piping hot, generously drizzled with olive oil.

‹ Rio-Lisbon

The cloud is heavy with clouds and I'm here, sitting on the electric tram, looking at the antennas and the tangled wires running between the posts. In the Rio of my childhood and the Lisbon of the present, this intermittent *déjà-vu* always reminds me of going home from ballet or from school, sitting on the back seat. Someone either taking me or bringing me back, since I wasn't yet able to go alone. When I look up at the sky, there's a protected sadness. From heartache to heartache, the years have gone by. At times, the sunny days, alternating with the sad wires framed by gray clouds, made the springs of life jump. And so I moved forward. Indeed, I did and I continue to move ahead, thank you very much. I chase the sun and never the clouds. Now I see the rooftops in shades of peach and orange, red and ochre, touching the blue of the sky, and people's souls crackle with the desire to go the streets, to express their joy and make a toast to the most beautiful of all lights.

It was like that in the Rio of my childhood as well; the voice of the man selling mate and snacks echoing on the beach had the power to cure anything. Between dips in the sea, my eyes stared unfalteringly at the horizon; even with desert islands, strong currents and storms, there would always be something good afterwards, and it was because of that something that I had the will to keep going. The songs I sang to the wrong lyrics, the shame of being caught in a lie, the embarrassment of tripping over, at some point all of that starts making sense, and the string of stories written in crumpled paper turns into an imperfect, but consistent, narrative. Stories of photographs grown yellow with age, tablecloths ruined by time, whose smells and fabrics are still part of the memories of Sundays. Memories of children in pajamas, their hair wet and parted to the side with lavender water. Cigarette butts, which no longer exist, ice cream tins made of iron, methylene blue, potassium permanganate and ice, for the pain. In the present, some Amarguinha liqueur, a Port and tonic and bottles of Douro wine are the cure for what once was treated with a lot of sugar water.

No matter where we are, the magic found in our childhood homes is always the same. One day here in Lisbon I realized, as I ate something my daughters would love, that small children only eat what they are offered, when they are offered it. Although my daughters are all grown up, I was devasted to realize that, when they were small, they were unable to simply quench their desires by going to the streets, because they were subsidized by us, their parents. In light of this, let us fill our refrigerators with all the best foods, let's teach our children to cook, to shake off their sadness, their fears, and allow them to turn the tables over on their days of gloomy skies.

< Savoring Lisbon >

```
Molotov egg white pudding
```
....

Serves 10

For the syrup:
180 g of sugar ♡ 60 ml of water

For the pudding:
10 egg whites ♡ 1 pinch of salt ♡ 300 g of sugar

Directions:

1. Preheat the oven to 180 °C and place a baking dish with water inside (for the water bath in which the pudding will be baked).

2. Use a 20 cm bundt pan to make the caramel. Dissolve the sugar into the water before placing them on the stove top for 10 minutes or until they have became a brownish caramel. Remove the pan from the stove and set aside.

3. Using a hand mixer set at medium speed, beat the egg whites and the salt until firm (use a spoon to test if the egg whites stay on the spoon when turned upside down).

4. Slowly add the sugar and beat for 20 minutes until you get a firm merengue. Put the merengue in the bundt pan with the caramel. Place in the oven inside the water bath.

5. Let the pudding bake for approximately an hour and 10 minutes.

6. Turn off the oven and allow the pudding to cool inside the oven. When cool, use a knife to release the edges and turn onto a serving dish.

< Rio-Lisbon >

Salted baba de camelo

Serves 8

1 can (395 g) of condensed milk ♥ 4 eggs, separated ♥ ½ teaspoon of salt ♥ Grated rind of one lime

Directions:

1. Cook the can of condensed milk in a pressure cooker for one hour. Leave to cool.

2. Whip the egg whites until they reach the firm peak stage and add the yolks using a wire whisk.

3. Add the cooked condensed milk *(dulce de leche)*, now at room temperature, and the egg whites using your hand mixer at low speed then add the salt.

4. Refrigerate for approximately four hours.

5. Serve topped with grated lime rind.

‹ Wind in the window

The wind hit the window, which broke a vase that was at breaking point. Well, not at breaking point exactly, but it was in the way. Speaking of which, after a while, things begin to indisputably take over the places they occupy, with authority and inertia, as if sprouting roots. Why don't Lisboans ever change the color of their homes? Because the original colors harmoniously compose a familiar pattern, which inspires continuity, serenity and resistance to the setbacks of time. Also, a change would trigger an absence, and no one likes dealing with that. Except that the wind showed up – blessed wind – and revealed how obsolete the object had become, an object that, then and there, became no longer a thing but the past itself. The noise of the wreckage even triggered what felt like a tear in my stomach.

It was the end of a sunny morning at the marché-aux-puces in Paris, of two hours carrying a shopping bag, followed by a coq-au-vin in the Marais. Between forkfuls, kisses and macarons, they drank a little more than what was reasonable, and the alcohol led to a confrontation. Where there once were caresses, seduction and a couple, there was now fury, hostility and a single being, since she had grabbed her purse, her shopping bag and walked off on Rue Saint Paul towards the Seine. Huffing like a typical Parisian, he wondered why people chose to spend so unwisely the hard-earned fruit of their labor... Welcome to vacations, in which neediness, complaints and jealousy also show their faces! But Paris sera toujours Paris and, when they arrived at the hotel, the sound of the accordions of the Marais still ringing in their ears, they made up, in grand style. It was an ending worthy of the City of Lights, with the works: new lingerie, bubbly and foie gras. And the vase, poised on the chaise, witnessed the entire orgy.

The vase survived Paris belligerantly, went on a romantic Scandinavian cruise and landed in Lisbon. Or rather, in Estrela, where it held roses in each of the three times the family grew and decorative foliage when money was tight. When it all came apart, it passed down to the female inhabitant of the house. And if you had told the owner of the vase, a year before her breakdown over the undoing, which was inevitable, but also necessary, and that she would get back on her feet and even be happy within a few months, she would never have believed it. If you had explained, thoroughly and in detail, that it was an astrological matter – and, for someone like her, whose moon was being saddled by Saturn, no wall would be left standing –, she would have lost it and would refuse to hear the end of the forecast. It was comfort *versus* change, a legitimate government *versus* a coup, prescription happiness *versus* awakening, and the person that finds herself in the former situation is not inclined to go to the latter. Oh well. Now the vase has broken. One has to pick up the broken pieces, dust oneself off, throw stuff away to make room for the new. But what one must do, above all else, before making any arrangements, is pack one's bags and rush off to Paris as quickly as possible to find, employing good taste and wisdom, an even more beautiful vase at the Marché-aux-puces.

In Lisbon, a new vase at the window, the bruise from that day had slowly faded, forgotten by the series of events going on in life. The children grew, boyfriends appeared, repairs here and there continually changed the look of the house and, inevitably, the home was filled with new people. The owner maintained her rituals and continued to feel excited by the direction. One day, a regular old day, while placing the chicken in the pot, she vaguely remembered the bruise and the vase, the pain, the wind and time. It was Sunday, she was happy, and there would be stew.

< Wind in the window >

Portuguese cozido (stew)

This recipe needed to be adapted not only due to the lack of variety of charcuterie that's available in Portugal (like morcela, *blood* chourizo, alheiras *and* farinheiras*) and not elsewhere, but also because I know the population for which I'm writing in Brazil has restrictions regarding certain parts of meat and even to the inclusion of certain animals. However, from my research and experiences, the pig's ear and feet are simply indispensable! Another thing worth noting is that, usually, there are three varieties of greens (similar to collard greens):* couve-lombarda, couve-coração *and* couve-portuguesa. *We will use only the Brazilian* couve-manteiga.

. . . .

Serves 4

2 bay leaves ♈ 75 g bacon ♈ 200 g chicken thighs and drumsticks ♈ 200 g salted pork ribs ♈ 200 g beef ribs ♈ 150 g pig's feet ♈ 50 g pig's ears ♈ 2 blood chourizos (substitute for one paio sausage and one pork linguiça) ♈ 1 beef chourizo (or thin smoked sausage) ♈ 100 g turnip ♈ 100 g cabbage ♈ 1 onion ♈ 3 medium-sized potatoes ♈ ~~1 morcela~~ (unless you manage to import it, we'll leave it out) ♈ ~~Farinheira~~ (this one will also need to be left out...) ♈ ~~150 g couve-lombarda~~ ♈ ~~150 g couve-coração~~ ♈ ~~150 g couve-portuguesa~~ (use 300 g of collard greens or couve-manteiga) ♈ White beans or chickpeas (dried) ♈ Rice

Directions:

1. In a pressure cooker filled with 1.5 liter of water, put the bay leaves, bacon and tough meets (ribs, chicken, pig's feet and ears) and cook for 25 minutes.

2. Remove the cooked meats and set them aside (leave the stock).

3. Correct the stock for salt and add the sausages (paio and linguiça) as well as the vegetables. When they are cooked, remove them from the stock.

4. Using the same stock (after cooking the sausages and vegetables), cook the white beans or chickpeas.

5. Serve with white rice.

< November 8th

November 8th. My year is 1972. Hers is 1964. The number 8 in the Tarot represents strength. But, in certain decks, strength is number 11. It makes no difference. We are 11/8 and we find double the strength, squared and even inside out. This is how it's been since that day, when we weren't that close, in which she, a veritable workhorse, told me: "Tomorrow we're going to photograph another 5 dishes!" What do you mean, partner? I need to feel inspired, I need to breathe, to create... That wasn't going to happen. The only possible truce with her is through work, solidifying each of our vaporous ideas. And every time she sensed fear in me, she would send me a verse, a song or an image to defeat the obstacle. Our days in Lisbon have had the same sense of flow and lightness, interweaving our lives and our work, with comings and goings and laughter, emptied bottles, bare feet on the sands of Albufeira beach, clicks and more clicks, always in search of beauty, freshness, the best angle.

Although it was one of the best experiences, I could never have known that we would become even more in synch in this part of world; that we would create things so quickly and communicate with each other as if part of one imagination – we're both bossy and even that hasn't been a problem. That we would read each other's respective inventions so speedily and decide not to redo things practically at the same time, in the name of capturing the moment and maintaining the natural, laidback element that is so vital to people who can only accept things that are authentic and real. Manoel Carlos, the soap opera writer, wisely realized she would make an amazing character, so he recreated her into one of his novelas. I, wisely, waking up hungover in the middle of the night, went through her things in search of a painkiller that would cure me from the effects of the vinho verde. I was sure she would have one, since she was always so well-prepared. And so she did.

"You look like a woman on the hunt!" you told me once, in the entrance of a bookshop. How could I not burst into laughter? It makes sense that this is a person capable of finding beauty in an extension cord. Indeed, Bel is the best mix of cool and detail-oriented that I've ever seen, and if I'm guilty of getting her to try out the culinary arts – actually, dive into is more accurate, because with her, everything has the energy of a somersault – then Bel is guilty of revealing in my work a quality that I never believed existed. I think I became an adult right there on the set we created with natural light that January afternoon in 2014.

Not many people can say they are part of a non-romantic couple, Isabel. Yet here we are, day in and day out, exhausted and happy. We dreamed of a project that, thanks to your urgency in making it happen, became all this. I would have complicated things or chosen to stay in my comfort zone, because, after all, who really wants to read these thougths and cook these recipes? But you took this thing upon yourself; it became yours and, through your brilliant gaze, it burst into life. You were my director. Some people have planes, others have vacation homes in Cascais, and I have Isabel Becker to dream along beside me. Who knows what we'll dream of next? For a while we'll have to learn to experience the abstinence, which has already shown its face, from our old days in Alfama.

And now that I've said all that, I'd like to finish the story of our November 8th with the subtlety of an eight-ingredient, eight-step cake with a recipe that has a particularly rare quality, in which the mixture converges into something that is at once magical, consistent and real. Our birthday cake.

Isabel Becker was born and raised in Rio de Janeiro. She has a degree in Visual Communications and started studying photography in Oxford, England. While working for the daily newspaper *O Globo*, she gained notoriety as a fashion and lifestyle photographer and later began taking photos for the magazines in Editora Abril.

With 25 years of experience, she published her first book, *Isabel Becker Fotografia*. In 2015, she took the photos for the book *Saboreando o Rio*, published by Editora Senac Rio. It was the beginning of a beautiful and fruitful partnership.

< November 8th >

November 8th lime cake

Serves 10-15

150 g of butter ♈ 300 g of sugar (divided into 3 portions of 100 g each) ♈ 6 egg yolks ♈ Juice of 1 lime, sieved ♈ Grated rind of 1 lime ♈ 250 g of all purpose flour ♈ 6 egg whites ♈ 1 pinch (¼ teaspoon) of baking soda ♈ 2 teaspoons of baking powder

Directions:

1. Preheat the oven to 180 °C.

2. In a bowl, beat the butter with 100 g of sugar until light and fluffy .

3. Add the yolks and the juice and grated rind of one lime. Then add the flour. Beat until incorporated. Set aside.

4. In another bowl, using a hand mixer, beat the egg whites until soft peaks form, add the baking soda, another 100 g of sugar and continue beating until you get firm peaks.

5. Mix the batter with the egg white mixture using a wire whisk until you get a homogeneous batter. Finally, add the baking powder, incorporating it slowly into the batter with a spatula.

6. Transfer the batter into a cake tin, buttered and floured, and place in a preheated oven. Bake for approximately 45-50 minutes.

7. Allow to cool pan before removing the cake from the pan.

8. In a saucepan, mix the remaining 100 g of sugar and 50 ml of water to make the glaze. Pour onto the top of the cake and finish off with grated lime rind or lime slices.

‹ The girl

Madalena sings and dances in front of the mirror. She wards of her princess aura and celebrates her commoner, non-royal version. She overflows the way only people bursting with life can. At eight, the little person living in our body can do anything. Madalena knows this and, sometimes, she overdoes it with her wittiness and can be mean. She walks towards Mafalda and whispers "You idiot!". Later, crossing the hall in her ballet class, the sad piano seemingly in synch with the disapproving looks, she realizes her little Portuguese friends have decided to retaliate. Screw them, she thinks. But between a plié and a sauté, she sheds a tear, and it becomes clear to her that she's not as bulletproof as she thought. Against everything and everyone, school tomorrow promises to be tough.

At home, Madalena is moody and not hungry. She locks herself up in her room and even refuses dessert, toucinho do céu (Portuguese almond cake). She gathers her things to go to her dad's house, the hopelessness beginning to take hold of her. If life were a fairytale, this is the moment the fairy godmother would appear to say that it'll go away and that, some day in the future, she would need to remember that day to solve a little issue. But it was only her mother that showed up to say that her father wasn't going to be able to pick her up that night after all. To make matters worse, her sister's dad had already come by and taken her way for the night...

The thing is, Madalena, sometimes it does get dark at night. And in real life there is no Peter Pan coming to visit you at the window nor long braids for your prince to use in order to climb up your tower. I hate to be the one to tell you this, but your prince is actually a big old frog, and you will need to take a deep breath and become indifferent to the most agonizing pain to ever hit you. In fact, Madalena, in that tower there, you'll be alone, working hard to do what is expected of you, then you'll probably be strapped for cash, tired, frightened of the hostility you heard and unable to give up. By that time, your father and your mother will be in need of your help and probably in no condition to console you. Those lunches at grandma's house, when the family catharsis was bursting with love, will have become rare and, of course, this will make you feel unprotected. But that's when you will need to be even stronger, Madalena. Summon that little girl who stood in front of the mirror, singing at the top of her voice, utterly fearless. At that stage, you will know that there are no more princesses, and when you wake up and stretch your arm, the guy you believed to be your prince will no longer be there. When that day comes, play a lovely fado by Mariza and cry your heart out. Afterwards, dress yourself as nicely as you can, go on, spend the money, Madalena, be kind to yourself. Start to hum a happy tune because, rest assured, the universe will be listening. You've always overflowed, everything has always been intense for you,

< Savoring Lisbon >

you've never regretted any of it. And if you look closely at the kitchen table, you'll see that the *toucinho do céu* from your childhood is still there, just for you to get a taste of remembering just how good life is.

< The girl >

Toucinho do céu (literally, "heaven's bacon", or Portuguese almond cake)

Serves 8

500 g of sugar ♡ 2 cups of water ♡ 250 g almonds, skinless and ground ♡ 12 yolks ♡ 2 teaspons all purpose flour ♡ 2 teaspons of butter ♡ 2 tablespoons of confectioner's sugar

Directions:

1. In a saucepan, dissolve the sugar in the water and bring to a boil. Let simmer until the syrup, already transparent, drops from a spoon in thicker droplets (the Portuguese call this the "pearl stage").

2. Remove from the heat and add the ground almonds, the yolks, the flour and the butter, using a wire whisk to combine the ingredients.

3. Transfer the mixture to a round cake tin with a removable bottom or a silicone mould. Place in a pre-heated oven, at 180 °C, for 40 minutes.

4. Remove from the oven, allow to cool slightly and turn onto a serving dish.

5. With the help of a sieve, sprinkle a thick layer of confectioner's sugar on the top of the cake.

Note: as you can see from the photo, I used a silicone muffin pan to make individual portions.

‹ Witch

No one was watching. The witch with the fake boobs who could read what was behind his eyes was the same one that would grab her broom and fly off by herself. In the deafening silence of the rooftops, she cackled.

None of those stories meant what they appeared to mean, because madness was lurking, but the Witch floated with a steady lightness that came from within. She floated by each one as if she were already expecting the next. It was part of a magical cycle. And, after all, cackling was made for people who fly high, she thought. She knew that, in her case, risk was the best way to get a return on her capital, so she always prefered to bet on life. If the universe paid her double, she would bet high to triple her investment. But each time the black-haired witch paid each of those long barcodes, a light would shine in her eye that spoke of the glory of being free. The witch was classy and left her broom wherever it pleased her, she would walk into Pingo Doce market on Rossio, not knowing whether to buy sheep or goat cheese, or maybe she'd leave and not buy anything, not knowing whether to eat lunch or to fast. She would envision each possibility that lay ahead of her and, deep down, her magic was enchanting.

On the street, she looked at people from the corner of her eye, as if she had stolen alms from a blind man, trying to record the infinite and pauseless film that her existence might reveal. The witch's maturity bothered people. Portuguese women found it vulgar; in their eyes, she was a tart. The witch knew time was in her favor, much more so than in the favor of men, who got worse with age and did so with less tools. And who cared about time anyway? The witch has ahead of her time. Her Portuguese friends were all witches. They walked in pairs, or at most in groups of three, but for the well-being of the wizardry, never in groups of four.

They drank gin, wine, took sleeping pills, were vibrating with life and not at all repressed. By that point, the witch had already experienced the gift of getting back her best friend from childhood, her partner in crime; with one minute to half-time, she had her friend all to herself, with no husband to get in the way. Her bestie had grown children and also paid all her own bills – and they were large. They had plunged into a duplicate adolescence, and their mishaps took geometric progressions in an unimaginable euphoric world that had become small for them.

The witch would fly over the Tagus river, the 25 de abril bridge, to and from the Bay of Cascais, incognito and anonymous. Hence she would experiment and observe, arithmetically reserving for herself only the good things she had counted.... She felt sad for the fake fairies, whose hipocrisy she would meet with prayers and even, controversially, make the sign of the cross – without anyone seeing. She felt a need to thank the universe for having, albeit in a twisted way, given her the soul of a fearless and dignified witch. Now we're talking. She was a witch. She was happy. And she could do it all.

< Savoring Lisbon >

< Witch >

Caldo verde (green soup)

Serves 8

500 g of potatoes, unpeeled and diced ♈ 2 liters of water ♈ 4 tablespoons of olive oil ♈ 1 large onion, diced ♈ 2 cloves of garlic ♈ 450 g of collard greens, in very thin slices ♈ 150 g of bacon, cut into cubes or 1 paio sausage, sliced ♈ Salt (to taste)

Directions:

1. In a saucepan in medium heat, sauté the onion and the garlic in two tablespoons of olive oil for three minutes.

2. Add the potatoes and the water and allow the ingredients to cook to completion. Purée in a blender and set aside.

3. In a hot skillet, fry the bacon or the paio sausage with two tablespoons of olive oil.

4. Reheat the soup in a saucepan along with the collard greens and allow to boil for a few minutes.

5. Add the bacon or the sausage and serve sizzling hot.

‹ Land in sight

I kept my eyes fixed on the sliver of land visible from the window of the plane, feeling secretly relieved for the progress made in the last 10 hours, so different from the 100-day journey a ship with the same route would have made 200 years ago. I've always had a scientific curiosity towards places in which admirable world figures lived or visited. I tremble when people point out on Rua das Janelas Verdes the house in which Eça de Queiroz lived. I can actually hear a voice singing the opening verses of the song "A minha terra é Viana" when I step on the stone floor with the word "Amália" on Rua de São Bento, in front of the singer's former house. On the fourth floor of number 76 on Rua da Esperança, in Madragoa, slept Isabel and José Saramago, and that was where the novel *Baltasar and Blimunda* was born. I get goosebumps when I imagine the view from the Jerónimos Monastery of dozens of ships sailing for Brazil as the royal family flees Napoleon's thirst for power.

Historical elements definitely bring light to my snooping eyes, but I must confess that what truly fascinate me are the more sordid details of people's lives. Carlota Joaquina covered in lice, to the chagrin of King John VI. The new nobility of Rio de Janeiro at the beginning of the 19th Century, walking around with commendations and medals, boasting titles conquered as a result of fortunes amassed by suspicious activities, not so different to the newly-rich circulating in Lisbon today. God knows what product of Brazilian labor they are selling.

In times of corruption in those lands, we, Brazilians, seem at times a little bit like fugitives, out of context and perhaps even ridiculous sitting at tables in Chiado, with expensive cigars and wines, which Lisboans tend to serve more often at their homes. The cold misty early mornings at Queluz Palace are in stark contrast to the heat of Leopoldina and her children in Quinta da Boa Vista. In that kitchen across the sea, you would find jerked meat, beans, collard greens and bananas. Over here charcuterie, clotted cream, patés, steak, pork cutlets, roasted chestnuts, a lot of wine and even champagne to celebrate it all. Nothing has changed that much, and the route from Estrela to Campo do Ourique contains the materialization of the vow Queen Maria I made upon giving birth to a male heir: the construction of the Estrela Basilica. We are grandiose in our dreams and melancholy in our restless achievements and, in this aspect, we remain the same. We try to rid ourselves of a destroyed country, and we can be spotted in every corner of Lisbon and its outskirts, displaying an exaggerated ease, as we do in every corner of the world.

As part of my meticulous search for the details that are not in the history books, I tried to unearth the identities of men who gave their name to famous *bacalhau* dishes: Zé do Pipo, Gomes de Sá and Brás. I learned that Zé do Pipo was the nickname of José Valentim, the owner of a restaurant in Porto in the 1940s. José Luis Gomes de Sá Júnior, according to Google, was a dried salted cod fish merchant who invented the

< Savoring Lisbon >

recipe that bears his name. As for Brás, whose name graces the *bacalhau* dish I ate the most while in Lisbon, owned a tavern in Bairro Alto.

< Land in sight >

Bacalhau à Brás (Brás-style dried salted cod fish)

Serves 8

1 kg of dried salted cod fish ♈ 3 onions, thinly diced ♈ 1 clove of garlic, minced ♈ 100 ml of olive oil ♈ 12 eggs, lightly beaten ♈ Parsley, to taste ♈ 500 g of matchstick fries ♈ Salt and black paper, to tase ♈ Pitted black olives, to taste

Directions:

1. To remove some of the salt, leave the salted dried cod in water for 24 hours, changing the water three times.

2. Remove the skin and bones and tear into slivers (don't make them overly thin). Set aside.

3. In a large pot, sauté the onions and the garlic in olive oil until golden.

4. Add the slivers of bacalhau, mixing them well with the onion, garlic and olive oil to increase the flavor. Add the eggs, parsley and, at the very end, the matchstick fries. Correct for salt, if necessary, and season to taste with black pepper and black olives.

‹ A house full of authentic Portuguese history

Faced with the beautiful skies that I admire from myriad gazebos as the summer comes to an end, I find myself recurrently interrupted by the idea of the passing of the years and life. If it weren't for my own restlessness in hoping to control the future, and guess what's coming, or for the recently-discovered euphoria in this new life of mine, the subject would never have bothered me. I find aging comfortable. I was already born old and my favorite activiies are talking and cultivating memories. So I try to pay ever more attention to the poetic verve in everything I see, as if that might help me fool time, and everything that it will inevitably erase.

In Lisbon, all of this felt stronger, because I allowed myself the luxury of stopping to reflect. My original idea had been to record a pure cuisine, one that mothers passed down to their daughters. I wanted to meet old ladies that made recipes that had made it down through generations, that had been kept intact and genuine. I spoke to some people, interviewed a handful of others, but never came across the Portuguese old ladies I originally thought I'd find.

A beautifully white-haired, blue-eyed woman opened the door to her apartment in Cascais. She was elegant and determined and we spoke for quite some time. She told me about her great-grandfather Eduardo Noronha, who was a writer. Her grandfather Mario was a fencer. When she was 11, she moved to Mozambique with her father, Henrique, and from there to a boarding school run by Irish nuns in South Africa. She married a German and lived in Cape Town for eight years. From her Portuguese mother with a Spanish name, Maria del Pilar, she inherited the love of cooking and the recipe for a lamb stew typical of the Alentejo region, which Isabel shares with us in this book. We shared stories and laughed. I learned expressions like "meteu-lhe os palitos" (literally "to stick someone with toothpicks"); google it... At noon, Isabel got up and said "Well, I'm going to drink a scotch. What do you want to drink?" At that moment, Isabel spoke to my restlessness in wanting to guess what the future would bring and the kind of mature woman I wanted to become. This is the woman I want to be: one that drives, cooks, tries new recipes and drinks her scotch at noon, though personally I'm partial to wine.

Isabel cooked two delightful dishes for us. The lamb, which she learned from her mother, and a delicious *bacalhau* dish that has no name. Isabel, the lamb stew and the no-name bacalhau: three gifts this book has given me.

< Savoring Lisbon >

‹ A house full of authentic Portuguese history ›

Lamb stew

By Isabel Noronha

. . . .

Serves 8

3 large onions ❦ 8 garlic cloves ❦ 3 kg of lamb (more or less two legs) ❦ 2 tablespoons of lard ❦ ½ tablespoon of salt (correct for salt at the end of the recipe) ❦ 4 or 5 bay leaves ❦ 2 cloves ❦ 1 liter of beef stock (made with leftovers or bones) ❦ 30 ml of white wine ❦ 1 stick each of parsley, cilantro and mint ❦ 1 tablespoon of caramel ❦ 3 piri-piri chili peppers ❦ 1 tablespoon of soy sauce ❦ 10 ml of olive oil

Directions:

1. Cut the onions and garlic cloves in thin slices. Set aside.

2. Cut the lamb in medium-sized chunks (approximately 5 cm) and coat them in lard.

3. Layer the bottom of a pot with the sliced onions and garlic, cover with the lamb, season with salt and the bay leaves and make more layers.

4. Put the rest of the ingredients on top.

5. Cover the pot and keep on low heat, swirling around once in a while for 10 minutes or until it starts to boil.

6. When the liquid startes to boil, mix with a wooden spoon and taste for sal, correcting if necessary. Leave on the burner until the meat becomes tender. She recommends making this a day ahead.

7. Serve with baby potatoes or cut in quarters, lightly cooked and then fried or baked.

8. Cut thin slices of rustic or crusty bread and place on the bottom of the plate before serving.

< A house full of authentic Portuguese history >

No-name bacalhau

By Isabel Noronha

. . . .

Serves 6

3 onions, very thinly-sliced ❤ 4 cloves of garlic, minced + 3 cloves for the spinach ❤ Olive oil (as much as you need) ❤ 4 bay leaves ❤ 3 large carrots, grated raw ❤ 800 g of dried salted cod fish (soaked overnight), shredded ❤ 200 g of matchstick potatoes ❤ Salt and pepper, to taste ❤ 400 g of fresh spinach, sauteed with 3 cloves and olive oil (however much is needed) ❤ 400 ml bechamel sauce seasoned with nutmeg ❤ 100 g of grated cheese

Directions:

1. Sauté the onion and garlic in olive oil with the bay leaves until golden.

2. Add the grated carrots to soften.

3. Add the cod and test for salt. Allow to cook for a while.

4. Add the matchstick potatoes.

5. Season with salt (if necessary) and pepper.

6. In a baking dish, put one layer of the cod fish mixture, then a layer of spinach and top with more cod.

7. Pour the bechamel sauce and top with grated cheese.

8. Put in the oven to broil until the cheese becomes golden.

‹ Nothing is more sophisticated than simplicity

In 2012, I returned to Lisbon after 12 years without setting foot here. My dear friends Ivan and Carol led me to a winery in Bairro Alto, where I met Pedrão, an exceptional human being. At the point I was in, the wines and amarguinhas (bitter almond liqueur) he would bring to our table were working like an allopathic antidote to someone looking to get back up after adversities.

Pedrão is one of those individuals that aren't of this world, the kind you don't find in every street corner, one of the most special people I've ever met. It isn't a coincidence that Pedrão is also a Cavalheiro do Vinho do Porto and, because of this, all of my subsequent trips to Lisbon would kick off with some drinks at Pedrão's place. This arrival made the city seem more like a familiar backyard, a neighborhood or a province, where you're always welcomed warmly. Pedrão was very well known among the Brazilian patrons, hence that street on Bairro Alto had become sort of like Baixo Gávea (a popular hang-out spot in Rio), which some people even called "office" or "bookstore".

Although Pedrão's kindness and gentlemanly manner always enchanted me, the winery itself had me under a different spell – a dish they called bife de pato (duck steak), which I always greeted with the sign of cross, in gratitude, when it was placed in front of me. That was how I found out that Pedrão, who was so discrete, was married to a shy lady with hazel eyes and a warm smile. Vitalina's pots reveal some of the most delicious food I've ever eaten in Lisbon. During the many years living in Bordeaux, she had worked in the cleaning crew at a renowned restaurant. One day, the sous chef was unable to cook and the responsibility fell on Vitalina. A keen observer, Vitalina used her gifted hands to cook the meat to perfection and, from that day forward, the chef decided she would be staying in the kitchen. It was in the fairytale scenario that Vitalina told me that, when's she's cooking, she's "always singing or smiling". Her smile is simple and simple. It took me a while to convince this amazing cook to appear in photos, because what she really wants is to make magic with the ingredients she receives, but far from the limelight, if possible. She explained that she spent her life tasting every ingredient that came her way. As every good cook, the secret behind her dishes is the quality of everything she buys and the way things are prepared. Her accessible recipes grew so famous that, today, suppliers from around the country seek her out to offer the best products on the market.

Pedrão and Vitalina are owners of the very charming Terroso, a restaurant with very special wines, serving a small and select number of patrons in Cascais. On the balcony, those lucky enough to get a prime spot can enjoy the kindness and generosity of this exceptional couple while dining under an avocado tree. That was where Vitalina and Pedrão graciously shared with me the recipe for duck steak with sautéed potatoes, which Vitalina invented in Bordeaux, and the delicious *bacalhau* with cilantro and smashed potatoes. Just like the couple's personalities, the recipes are exactly as they seem: honest, simple and without enigmas. Her trump cards are the attention to detail, the awareness of how important timing is in executing dishes to perfection and the loving gaze of the person who is there to do her best and make friends without ever showing off.

‹ Nothing is more sophisticated than simplicity ›

Duck steak with sautéed potatoes
By Vitalina Marques

Serves 2

For the duck steak:
1 duck breast, approximately 500 g ♥ 1 teaspoon of salt ♥ 1 pinch of ground peppercorns (red, green, black and white) ♥ 1 teaspoon of minced garlic ♥ 1 pinch of freshly ground pink salt (to sprinkle on the duck steaks

Directions:

1. Make small cuts in the duck fat and, subsequently, turn the breast and make similar cuts on the meat side (where there is no fat).

2. Season the duck with salt, the ground peppercorns and the garlic.

3. Place the duck breast on a grill (open, with holes), with the fat facing down, in low heat.

4. Let the fat slowly melt the fat and when there's almost no fat left, or until there's only a thin layer (after roughly 12 to 15 minutes), turn the breast to brown the other side.

For the sautéed potatoes:
2 medium-sized potatoes ♥ Olive oil for frying ♥ ½ teaspoon of minced garlic ♥ 1 tablespoon of minced parsley ♥ Salt to taste ♥ 2 tablespoons of Açores (or other good quality) butter, melted

Directions:

1. Cut the potatoes into quarters and then into thin slices.

2. Fry the potato slices in very hot olive oil.

3. After removing them from the oil, sprinkle with the minced garlic and parsley, season with salt and add the melted butter.

< Savoring Lisbon >

< Nothing is more sophisticated than simplicity >

Bacalhau with cilantro and smashed potatoes
By Vitalina Marques

Serves 4

4 loins of salted cod fish ♥ Olive oil ♥ 3 raw garlic, minced ♥ Cilantro, chopped ♥ 400 g large potatoes ♥ salt ♥ 1 broccoli, washed and cut into florets ♥ 1 red bell pepper, cut into thick strips ♥ 3 hard-boiled eggs ♥ Black olives, to taste

Directions:

1. Cut the ends of the bacalhau to achieve a nice tall loin.

2. Wash the loins to remove the excess salt and put them in a basin with water, skin-side facing up, in the fridge. Change the water at least three times and leave in the fridge for 24 hours.

3. Grill the fish with olive oil in a very hot frying pan in strong heat.

4. Make a marinade with olive oil, garlic and cilantro. Heat briefly in a pan.

5. Put the potatoes in the oven with salt and olive oil and bake for an hour. Remove the potatoes and smash them with a fist or the back of a large spoon.

6. Sauté the broccoli in olive oil and grill the bell pepper, also in olive oil.

7. Assemble the dish by putting the cod fish, then the marinade, then the eggs, the broccoli, the slices of red bell peppers and the olives.

← Bonfire

Sesimbra. I had always heard that Rio de Janeiro had the most beautiful beaches in the world. Indeed they are beautiful, and my most cherished beach is in Rio. In Portugal, I had already been wowed by nearby Portinho da Arrábida and Albufeira. But Ribeiro do Cavalo found its way into the position of all-time favorite beach with gusto. It was there that I discovered a Portuguese secret that can only be revealed to those brave enough to venture into the loudly exuberant nature trails. I had goose bumps as I went down the stony path, a very steep cliff whose shortcuts are a blessing to nostrils that revere the very best aromas. Rosemary bushes and olive trees brought a fresh scent to the gorgeous dry white branches and somewhere nearby I could smell propolis.

Nature is logical and just, and therefore the smell of propolis could be explained by the many bees that crossed our path and yet, like everything else over there, they did not oppose, confront or intimidate us: they were just working, and spreading that smell. A good few minutes later on our descent, an amazing concave scene, about one hundred meters away, imposed itself upon our eyes, and we were awestruck to the point of tears. Never before had any blue sea between perfectly polished rocks been capable of taking my breath away for so many seconds. It could be an effect of the freedom of the new phase of my life, in which I discovered I could do it all. Perhaps arriving at the place was important. It could be. But it was ever more so because of my desire to stay, to become as wild as all of that. At that place in the world, I felt like opening my wings and flying.

I don't think it's likely that I had been to there in a previous lifetime, because that beach felt entirely new. But something made me daydream about primitive things, including a bonfire after the sunset. I don't need to go much further perusing the sensations of this paradise on Earth to get to the part where the bonfire was used to cook a beautiful sea bass in rosemary with orange, honey and ginger sauce. I spent days thinking about how to braise the fish and smoke the scales to keep them with me forever, in the bonfire I invented, and the rocks, the smells, the light, the salt and the emotions that enchanted me on that day. The recipe that follows can therefore me understood as an attempt, probably in vain, to eternalize and convey the spell that Sesimbra cast on me.

< Savoring Lisbon >

< Bonfire >

Sea bass braised in rosemary with orange, honey and ginger sauce

Serves 2

Juice of 2 oranges ♈ 1 tablespoon of honey ♈ 1 teaspoon of mustard ♈ 1 teaspoon of grated ginger ♈ 1 tablespoon of white wine vinegar ♈ 1 pinch of grated orange rind (from the orange part only) ♈ 1 tablespoon of butter ♈ 3-4 sticks of dried rosemary ♈ 500 g de sea bass fillet (seasoned with fleur de sel and black pepper)

Directions:

1. Start by making the sauce in a small saucepan. Bring the freshly-squeezed and sieved juice of two oranges to a boil along with the honey, the mustard, the grated ginger, the white wine vinegar and grated orange rind. Allow to boil for a short while to reduce the acidity then add the butter. Bring to a boil again then pass through a sieve. Set aside.

2. Use a skillet grill to braise the fish. First put the sticks of rosemary on the bottom of the grill. When the grill is very hot and the rosemary almost burning, place the sea bass fillets on them so that they grill in the smokiness of the rosemary.

∠ In your apron

Go. Run. You have precisely 45 minutes. Make sure the house looks nice, but not too nice, it's important to look natural. What you're aiming for is a house that looks like there are people living in it. No incense, you can't appear to have anything to do with magic or anything that seems like a trap. Some spray is enough. High-end soaps bought at A Vida Portuguesa, if you want to go all out, and some cheerful placemats. Don't forget that a sense of humor and red wine are the worlds greatest aphrodisiacs. In one hand, carry the remains of bygone days and, in the other, possessions that, in order for this to have a future, are better off not flaunted. I suspect no one is that into brainy women, so I suggest you keep that to yourself. If you can, relax a little to ward off intensity, depth or hipersensitivity. The challenge now is for you to be as zen as you can, and the kitchen will help you. Every time you catch yourself going in either of those three directions, grab your whisk and stir the pot, check the temperature of your oven or simply start to sing out loud.

It is of the utmost importance that you leave the last 20 minutes to, at least, get started in the kitchen, because although these friendly recipes are easy, they aren't magic, and even though I always try to make things simple, you will have to get your hands dirty at some point. And, for God's sake, don't start talking about how you're terrible in the kitchen, that you can't even fry an egg etc. That's never been fashionable. Take charge of the situation as if your daily food production were the equivalent of that of an industrial kitchen. Remember that 80% of success lies in our confidence.

If life flashes by like a movie reel in your mind when you are looking lovely and feeling great in your apron, already in the kitchen, it's because circumstances are tough and you are probably the interested party in this scenario. Pop the cork on the bottle of wine then, but only allow yourself to drink one glass, to avoid an even greater disaster. Don't ever get drunk! If even this doesn't calm you down, remember that love affair you had when you were 18 and you were certain you were going to die, but you didn't. In fact, I'll bet you bumped into the guy a few years later and he looked awful, am I right? Sometimes, only real life experiences can save you. So, dear friend... even if you still have your apron on, get those heels on and put love into those pots and pans. Life will surprise you. Even though I'm not even sure these things I'm saying will work out, what matters is the boldness and the truth brought forth by our desire. The magic in imagining you over there, listening to your favorite playlist, in your apron, instinctively channeling the peasant woman that lives in each and every one of us, is simply inspiring.

< Savoring Lisbon >

Tomato rice

Serves 4

1 onion, thinly sliced ♥ 1 clove of garlic, minced ♥ 2 tablespoons of olive oil ♥ 250 g of diced tomatoes, skin and seeds removed ♥ 1 bay leaf ♥ 250 g of white rice ("carolino" rice in Portugal) ♥ Salt and black pepper, to taste

Directions:

1. Sauté the onions and the garlic in olive until golden, then add the tomatoes and the bay leaf. Add the rice, previously washed and drained, and sauté for around two minutes.

2. Add enough water to cover the rice then continue pouring water until the water is about an inch above the ingredients in the pot.

3. Season with salt and black pepper and cover the pot. Allow to cook for 15 to 20 minutes at low heat.

4. Serve with grilled fish, sprinkled with fresh cilantro or parsley.

< In your apron >

Clotted cream and berry tarts

Serves 6

For the crust:
200 g of all purpose flour ♥ 100 g of butter ♥ 50 g of sugar

For the filling:
400 g of mascarpone (in Brazil, the closest thing to the consistency of Portuguese natas, or clotted cream, is mascarpone, since the cream available is too thin) ♥ 75 g of sugar ♥ 300 g of assorted berries

Directions:

1. Put all the ingredients of the pie crust in a bowl and blend the ingredients with your fingers until you get a homogenous dough that stays together.

2. Using your hands, fit the bottom and sides of individual tart pans with removable bottoms. Bake in a medium hot ovef for seven minutes. Remove the pie crusts from the oven and leave to cool.

3. Make the filling by mixing the mascarpone and the sugar using a whisk (don't use a hand mixer because mascarpone will curdle). Fill each crust with cream.

4. Finally, arrange the berries on the top of each individual pie, as you see fit.

∠ Even brutes fall in love

Of all the ways to comfort our souls, food – with its aromas, textures and flavors – continues to be a magical remedy for times of yearning. In my forrays through Lisbon, a (male) friend always used to take me to Farta Brutos (which translates into "Bountiful Brutes"), where the wine and the appetizers brought me an almost childlike joy. Usually, it was Oliveira, my friend's friend, who would serve us. The last time I was there, my friend took me along with five of his pals. At the table, right beside me, there was an empy chair and a glass of wine. It was Oliveira's glass. He had recently passed away, but whenever his friends uncorked a new bottle, they made a toast in his memory, and savored the wine along with servings of *pataniscas* (fritters) and *peixinhos da horta* (vegetable garden fish).

I've always been inexplicably attracted to men's conversations. So I decided to stay in that heavenly place that could only be matched by a group of defenders huddling in the locker room of Porto Soccer club, playing stupid and trying not to be the center of attention for being the only woman. I looked the other way when one of them was talking, switched between a sweet face and a bored one, so that the guys would be sure that I wasn't grasping what was being said, also due to the accents etc. But I understood every last detail. And I will share all of them now with you.

Pedro was married to Maria João, but every Thursday he would go off to play soccer somewhere and, ultimately, he always ended up at Anna's house. Anna, who was Italian and happily married to Francesco, taught a class (also on Thursdays), and her husband considered her a genius. Maria João, Pedro's wife, had, so to speak, lost interest in the comings and goings of married life and therefore cared little for her husband's Thursday soccer games. All she really wanted was distance from Pedro.

Carlota, Miguel's wife, was soft. Soft and exhausted. Miguel, on the other hand, was candid and sweet, he smiled a lot and never tired, especially when it came to texting on his phone. He had no idea I picked up on his mischievous grin upon reading an incoming message. From the corner of my eye, I followed him as he left the reaturant and stepped into a car. The young lady on the driver's seat was neither soft nor exhausted. She was pretty and she wasn't Carlota.

Finally, there was Joaquim, who caught my attention. He was kind and perceptive and kept my wine glass full. He ignored his phone the whole time he was there. In fact, Joaquim was acually there at the table, free and present to have a drink with his pals, to pay tribute to Oliveira, with all the dignity that can exist at such a table. He happily, proudly, boasted photos of his kids and his wife, who was also sitting with friends at a place not too far from there. I imagined a cheeky Joaquim arriving home, after all that wine, a little tipsy, making fun of himself with his wife.

< Savoring Lisbon >

I thought of the both of them sharing the marvel of their lives with one another, yet sovereign in their indidivualities, with the blessing of Oliveira.

< Even brutes fall in love >

Bacalhau fritters

Serves 4

1 dried salted cod fish fillet, boneless ♥ Milk and lime juice for marinating ♥ 1 tablespoon of all purpose flour ♥ 100 ml of water ♥ 1 egg ♥ 1 small onion, thinly diced ♥ Parsley, finely chopped ♥ Salt ♥ Black pepper ♥ 1 tablespoon of olive oil ♥ Oil for frying

Directions:

1. Soak the dried salted cod fish in water overnight.

2. Clean the fish, removing the skin and bones, and tear into slivers.

3. Leave the slivers of cod fish to marinate for a few hours in milk and lime juice.

4. In a bowl, mix the flour, water, egg, onion and parsley. Season with salt and pepper and add the olive oil. Using a spoon, dip the slivers of marinated cod fish in the batter and fry them in very hot oil.

5. Drain the fritters on paper towels and, if necessary, season with salt before serving.

< Savoring Lisbon >

< Even brutes fall in love >

Vegetable garden fish

Serves 4

500 g of green beans ♡ 200 g all purpose flour ♡ 1 egg ♡ 1 tablespoon of thinly diced onions ♡ Salt ♡ Black pepper

Directions:

1. Trim the tops and tails of the green beans and de-string.

2. In a pot with water and salt, boil the green beans for approximately 5 minutes. Set aside.

3. In a bowl, dissolve the flour into the water. Add the egg, onions, salt and pepper. Coat the green beans in the batter and fry them in very hot oil until golden.

4. Drain the vegetable garden "fish" in paper towels before serving.

‹ The train from Santarém

In each passing moment, abandoned images and eyes set on what comes after. Blue skies. The day is dry and staggeringly gorgeous, and I'm carrying this emptiness in my stomach from missing my girls. One day after the other, and each landscape too, and soon enough the volume of finished steps and things begins to give shape to the future. I see myself like the wines in a beautiful vineyard. First we're protagonists, then we become resilient for a while, waiting, accepting the plans that the universe has reserved for us. And, in the blink of an eye, we see ourselves like this, confronting these same plans in a surge of antagonism that's only possible due to free will. Three wines, three choices. Life has shortcuts, return paths, overpasses, tunnels and, inevitably, many bridges that almost collapse. The good part is knowing that we can also go back to where we left off and start over. That we may forget the rocks and carry the flowers, even if only in our memories, and preferably remember their perfume. I always keep in mind the message my mom wrote to me when I went to live abroad: "Smile and the whole world will open up to you." When I look at people, I see the alchemy of this world of smiles flowing into torrid romances, generous bank accounts, happy children, healthy bodies and minds. I see stronger lives in those who confront life, question it, and say: "Oh no, not now, no way!" I see a diversity of plots and new reasons to write books, create and radiate the reflection of all that is admirable out there. I see life renewing itself in cycles, in an intense flow, in which there's no use wanting to stay only on top: rotation is relentless. Chuckles that become boisterous laughs and may, seconds later, turn into a river of tears, but there's not a shred of doubt that there's nothing meager or meek about it. Yet another production process is coming to an end, and this restless and disobedient creature is already asking herself "what next?". If life truly is like the legend of the sopa de pedra (rock soup) we ate in Almeirim, we can start from anywhere. You can even start a recipe with a rock, and add delicious ingredients until you turn it into a delicacy. And I can make a happy book out of a sad story.

With the rock from said soup in my purse, we left Ribatejo to start getting used to the idea of leaving Lisbon and its surroundings. The retrofitted hostess of magical days, Lisbon healed my wounds and left me free to roam, to cook better food, to laugh at everything and everyone, pardoning my rivals and carrying in my heart the best people, forever. Come to think of it, when it comes to friends, life has been generous and given me an army.

It would be presumptuous to try publishing my own version of rock soup, which is typical of Ribatejo, and involves a number of local charcuterie in order to achieve such a unique flavor. Instead, I'm transcribing the recipe of the Portobello mushrooms we ate in Almeirim. Hence, I close this revealing stage of my life. Out of everything I might need to head on to a new life, I took one thing. Only the most important thing. No, that's not true. I'm taking two things: me and whoever wants to have fun with me.

‹ The train from Santarém ›

Garlicky portobello mushrooms

Serves 4

400 g of Portobello mushrooms ♈ 5 cloves of garlic, sliced ♈ 4 tablespoons of olive oil ♈ Salt and black pepper, to taste

Directions:

1. Clean the mushrooms with a moist paper towel and then dry them off quickly with a dry one. Cut into medium slices.

2. In a hot frying pan, sauté the garlic slices in the olive oil until golden.

3. Add the mushrooms and grill, taking care not to overcook them so they won't lose their texture. Season with salt and black pepper.

⟨ What I learned in 10 years

The plot of this book ended up being... what exactly? Well, these random thoughts you've been reading about a cook who roams around Lisbon... Let's not try to be categorical. The subject that drove the plot in *Saboreando o Rio* ("*Savoring Rio*"), however, was the change in my life when, in 2009, I turned my back on my Law career to become a cook, to own a catering business, what have you. Since that time, ten years have gone by and I've had to leave behind many beliefs (the years also took a little of my prudishness and any trace of work-related insecurity I had left). I don't regret any of my steps on this journey; it's been incredible retracing this path built on impulse, will and – yes, now I agree it's fair to say – courage.

Perhaps because I am in Lisbon at this moment, so far away from the homes that welcome me, week after week, month after month, year after year, in Rio de Janeiro, I am capable of seeing the course of this revealing time more clearly. I have to start by saying that, indeed, human beings are good. From the gang of curious, friendly and wary folks that put their trust in me, I made true and loyal friends and met people from a distant past, who encouraged me, congratulated me and made me believe in my choices. I realized that, as Caetano Veloso had already said, "up close, no one is normal". In this context of parties, large families and busy homes, I discovered a world of recommendations that work, word-of-mouth, thankful e-mails and WhatsApp messages from those who often didn't have much to spend yet chose to bet on me. On the other hand, I also met people who treated me well, but mistreated my employees; these people are much less to my liking, I've found. I have Mars in Libra and realized that I couldn't go on the way things were. I left the argumentative 20 year-old behind and quickly granted ostensible pardon to everyone I could possibly have issues with – and, thankfully, they became clients. Brides would confide in me and, let me tell you, I really wished those girls the best! I realized how much discomfort there was on those altars, how diverse and complex families are, how wonderful weddings are.

Are rich people sophisticated? Of course that isn't always the case, it depends. I've always had a clinical eye for people with social insecurities and I keep my distance from them. Many have real fortunes, yet remain unsure of what to do with the house, with friends, with the silver, with the money. Since I have always known what to do with each of the things that I have, that bothers me. I've learned that I fly better solo, not just because I'm bossy, but because the madwoman inhabiting this body is a bit of a control freak, and the phrase "let me do it, and not do it" is capable of causing irreparable damage. I became an even greater fan of women and of gay men and learned these are, basically, the two types of people with whom I prefer to work. With everything in its proper place, I'm free create at my own pace, feeling joyful at other people's achievements, trying not to be influenced by them, and understanding that trying to do everything at once is the best way to fail. This may sound like boasting, and it is, but here comes the best part: if I don't know something, I can admit to not knowing, I don't have to know it all, just because someone wants to buy what I'm selling. The sale is unique and highly personal, so no one higher up in the hierarchy is going to say that the client credit is his. But the very best part is the certainty the experience has brought me: if one day the car breaks down, I can walk, because the game is mine, so I can shuffle and hand out the cards again, as often as I want.

Indeed, the life I dreamt about existed, and work and life can come together into a single thing. Just think that, at this very moment, I'm in a tavern, having the most delicious drink of the entire trip, feeling inspired and writing this story.

‹ What I learned in 10 years ›

Pork and shrimp skewers

. . . .

Serves 6

1 small yellow bell pepper ♈ 500 g of pork loin ♈ 1 thin smoked sausage ♈ Salt and black pepper, to taste ♈ 2 bay leaves ♈ 12 medium shrimp ♈ 1 clove of garlic (minced) ♈ 20 g of butter ♈ 2 tablespoons of olive oil ♈ Wooden skewers ♈ Parsley, thinly chopped

Directions:

1. Dice the bell pepper and the pork loin. Cut the sausage into slices.

2. In a bowl, season the diced pork with salt, pepper and bay leaves.

3. Clean the shrimp and leave only the tails. In another bowl, marinate with garlic and salt.

4. In a very hot frying pan with melted butter and olive oil, place the cubes pork cubes and bell peppers and turn them around from time to time, grilling them on all sides.

5. Assemble the skewers with the grilled pork cubes and bell peppers along with the raw shrimp (they cook very quickly), alternating all three items in each skewer.

6. Take the assembled skewers to a frying pan again at very high heat, to grill them and cook the shrimp.

7. Serve sprinkled with the chopped parsley.

‹ To my readers

If you're a man and you've made it this far, you deserve to hear what I have to say. I don't intend to sound arrogant, but from what little I've been observing in the field of human behavior recently, you've been making serious mistakes.

You should never tell anyone that you've never read a single book. Not even under torture should you admit this to a woman. I won't be more explicit; after all, in spite of the confessions, this is still essentially a cookbook.

Am I wrong in assuming that you, after cooking a meal worthy of Rodrigo Hilbert,* end up leaving the dirty dishes for that special someone to wash? This is a mistake, I have to say. The person who cooks has to do the dishes. Always. No exceptions.

The other day, I witnessed a most absurd situation. In front of me, there was a bottle of wine and, in front of the bottle, a man. The woman facing across from the man (me), grabbed the corkscrew, took a few steps, moved around, swung her hair and stopped. The man made no move to open the wine. The woman was very thirsty, so she did it herself. Tsc, tsc, tsc. Whether the man was being lazy or inept, I don't know. I prefer to believe in the first hypothesis, because ignorance in this regard is unforgiveable.

And now, for the most sensitive point of all... and the one which always gets me in trouble with feminists... Or at least in trouble with my daughters – who are feminists. Do you think that a man who holds the elevator door, opens car doors, pays all the bills and carries shopping bags for a woman is old-fashioned? Of course not! Courtesy does not make women weak, vulnerable or "less than". We find men like these wonderful and are happy to make their lives easier. Really. In every way.

However, from the bottom of my heart, my deepest wish is that if you find a treasure, don't give up because you think there's an easier way to give her momentary gratification. Keep in mind that complex women – up to a certain degree – are the best ones. Tell yourself that, when it comes to someone nice, concessions will be made in all the places that cause you panic. I've been seeing resignations for the oddest reasons and I feel sorry for the liquid relationships all around me.

Teach your kids to respect the feminine magic. What magic? Oh, you know... Women cry, brood, argue and intuit. All of this happens for the world's greater good.

Therefore, even if the day gets dark, if the rain pours and the horizon looks murky, continue to treat your wife like a girlfriend. Fingers crossed for her to manage to take time away from the house, her work and the kids to be alone with you, to send you nude pics, make dinner and nurture the relationship. Sometimes, we also

---

* A Brazilian handsome TV cooking star.

< Savoring Lisbon >

realize our river has run off course, forget to deal with this deviation and, suddenly we realize our river has flown into another. Keep in mind that burning desire, the kind that makes buildings cracks and sends castles toppling to the ground, lasts only six months. Don't forget that if you don't know what you're looking for, you won't know when you've found it.

This recipe is for you to make when you find your precious jewel. It's an aphrodisiac. Women need chocolate. It's part of the magic, a pause to breathe and to inspire. Put your heart into it!

< To my readers >

Poached pears with spicy chocolate sauce

Serves 6

Juice of half a lime ♈ 6 pears, unpeeled with stem ♈ 300 ml of (good quality) red wine ♈ 1 glass of port wine ♈ 200 ml of water ♈ Finely grated rind of half a lime ♈ 1 cup of sugar ♈ ½ vanilla pod ♈ 300 g of bitterweet chocolate ♈ 4 tablespoons of fresh double cream ♈ 2 tablespoons of butter ♈ Freshly ground black pepper

Directions:

1. Pour the lime juice over the pears and place them in a medium-sized pot with the red wine, the port wine, water, lime rind, the sugar and the vanilla bean (parted lengthwise).

2. Allow to boil and cook for 20 minutes. Set aside.

3. Melt the chocolate in a water bath or in the microwave, then add the cream and the butter, mixing until you get a homogenous sauce. Add the freshly ground black pepper.

4. Transfer the pears to individual glasses and pour the chocolate sauce over each one before serving.

Recipes index

B

Bacalhau à Brás (Brás-style dried salted cod fish) ♥ 203
Bacalhau fritters ♥ 227
Bacalhau with cilantro and smashed potatoes ♥ 215

C

Caldo verde (green soup) ♥ 199
Clotted cream and berry tarts ♥ 223

D

Duck steak with sautéed potatoes ♥ 213
Duck rice with paio (sausage) and green olives ♥ 179

F

Fresh sardines with avocadoes, sweet basil and olives on toast ♥ 167

G

Garlicky portobello mushrooms ♥ 233

L

Lagareiro-style octopus ♥ 163
Lamb stew ♥ 207

M

Molotov egg white pudding ♥ 182

N

November 8th lime cake ♥ 191
No-name bacalhau ♥ 209

O

Ovos moles ♥ 175

P

Pork and shrimp skewers ♥ 237
Poached pears with spicy chocolate sauce ♥ 241
Portuguese cozido (stew) ♥ 187

S

Salted baba de camelo -♥- 183
Sea bass braised in rosemary with orange,
honey and ginger sauce -♥- 219
Spinach, cantaloupe, white eggplant and radish
salad with a spicy dressing -♥- 171

T

Tomato rice -♥- 222
Toucinho do céu (literally, "heaven's bacon", or
Portuguese almond cake) -♥- 195

V

Vegetable garden fish -♥- 229

A Editora Senac Rio publica livros nas áreas de Beleza e Estética, Ciências Humanas, Comunicação e Artes, Desenvolvimento Social, Design e Arquitetura, Educação, Gastronomia e Enologia, Gestão e Negócios, Informática, Meio Ambiente, Moda, Saúde, Turismo e Hotelaria.

Visite o site www.rj.senac.br/editora, escolha os títulos de sua preferência e boa leitura.

Fique atento aos nossos próximos lançamentos!

À venda nas melhores livrarias do país.

Editora Senac Rio
Tel.: (21) 2545-4819 (Comercial)
comercial.editora@rj.senac.br
Fale com a gente: (21) 4002-2101

Editora Senac Rio publishes books in the following areas: Beauty and Aesthetics, Human Sciences, Communication and Arts, Social Development, Design and Architecture, Education, Gastronomy and Enology, Management and Business, Computer Science, Environment, Fashion, Health, Tourism and Hotel Management.

Visit our website at www.rj.senac.br/editora, where you can choose the titles that best suit you and have a nice reading.

Stay tuned to our next releases!

Available in the best bookstores in Brazil.

Editora Senac Rio
Phone: 55 (21) 2545-4819 (Commercial)
comercial.editora@rj.senac.br
Fale com a gente: (21) 4002-2101

Este livro foi composto nas tipografias Typewriter Scribbled, Helvetica Condensed e Always Forever, e impresso pela Edigráfica Gráfica e Editora Ltda., em papel *couché matte* 150 g/m^2, para a Editora Senac Rio, em agosto de 2019.

The typefaces in this book are Typewriter Scribbled, Helvetica Condensed e Always Forever and printed by Edigráfica Gráfica e Editora Ltda., in *couché matte*, 150 g/m^2, for Editora Senac Rio, in August, 2019.